통전성에 기반한

성경 리터러시 교육

리터러시교육총서

통전성에 기반한
성경 리터러시 교육

최은아 지음

대한민국, 서울, 학이시습, 2025

통전성에 기반한 성경 리터러시 교육

지은이 최은아
펴낸이 박영률

발행일 2025년 12월 15일

학이시습
출판등록 2007년 8월 17일 제313-2007-000166호
02880 서울시 성북구 성북로 5-11 (성북동1가 35-38)
전화 (02) 7474 001, 팩스 (02) 736 5047
learningbooks@commbooks.com
www.commbooks.com

Lifelong Learning Books
5-11, Seongbuk-ro, Seongbuk-gu, Seoul, 02880, KOREA
phone 82 2 7474 001, fax 82 2 736 5047

ISBN 979-11-430-1415-3 93370

책값은 뒤표지에 있습니다.

성경 리터러시, 왜 배워야 하는가?

사람은 왜 배워야 할까? 사람은 동물과 달리 태어날 때 살아가는 데 필요한 지식과 기술을 갖추고 태어나지 않는다. 그렇기에 살아가기 위한 배움은 필수적이다. '배우다'라는 뜻은 "가르침을 받아 알게 되거나 익혀 가다, 그대로 본받다, 따라 하다"이다. 사전적 정의처럼 소속된 공동체의 특성에 따라, 가르쳐 주는 사람에 따라 다양한 것을 배우게 된다. 배움은 개인의 성장과 사회 발전에 필수적인 요소다. 즉, 배움은 지식 쌓기를 넘어 우리 삶의 모든 면에 걸쳐 긍정적인 영향을 미치는 필수적인 과정이다. 이마이 무쓰미(2017)는 인지과학적 관점에서 "배움이란 끊임없는 탐구의 과정이다"라고 정의했다. 이는 배움이 단순히 지식을 습득하는 것을 넘어, 끊임없이 질문하고 답을 찾아가는 능동적인 탐구의 과정이며, 개인의 성장과 발전을 이루어 가는 평생의 여정이라는 의미를 담고 있다.

이러한 배움의 중요성은 성경을 읽는 행위에도 고스란히 적용된다. 성경은 기독교 신앙의 근간일 뿐만 아니라, 인류 역사와 문화에 지대한 영향을 미친 중요한 문헌이다.

이렇듯 성경이 역사상 가장 많이 출판되고 보급된 책임에도, 실제로는 제대로 읽히거나 이해되지 못하는 경우가 많다. 스마트폰 하나로 수많은 번역본에 접근할 수 있고, 서점마다 성경이 넘쳐나지만, 많은 이들에게 성경은 여전히 낯설고 멀게 느껴진다. 이러한 틈을 메우기 위해, 성경의 진정한 의미와 가치를 발견하고 삶에 연결되도록 돕는 교육이 필요하다. 성경은 단순히 글자로 이루어진 책이 아니다. 성경은 하나님의 감동으로 기록(딤후3:14~17)되었기에 성경을 읽을 때는 신앙적 사유와 이를 위한 배경지식이 필요하다. 또 단편적인 구절에 갇히지 않고 흥미를 잃어버리지 않기 위한 노력이 필요하다. 성경을 읽는 행위가 단순한 독서를 넘어 '배움'이 되어야 하는 이유가 바로 여기에 있다.

성경을 깊이 이해하는 것은 개인의 영적 성장을 돕고, 더 나아가 복잡한 현대사회를 살아가는 데 필요한 비판적 사고력과 분별력을 길러 준다. 수천 년에 걸쳐 기록되고 전승된 성경은 본문을 읽고 해석하는 과정에서 논리적 사고와 비판적 분별력을 요구한다. 다양한 해석의 가능성을 이해하고, 건전하지 못한 교리나 이단적 가르침에 대한 분별력을 키워 나가야 한다. 이는 비단 종교적인 영역뿐만 아니라, 일상생활에서도 정보를 분석하고 판단하는 능력

향상에 이바지할 것이다. 성경은 서양 문명뿐만 아니라 전 세계 문화, 예술, 역사에 지대한 영향을 미쳤다. 이에 성경은 기독교적 전통을 가진 사회의 문화적 배경과 가치관을 깊이 이해하는 데 필수적이며, 인류의 보편적인 정신 유산을 탐구하는 중요한 통로가 된다. 성경은 하나님에 대해 알게 하고, 다양한 삶의 이야기와 인간 본성에 대한 깊이 있는 통찰을 제공한다. 또 성경적 가치관을 가지고 타인을 이해하고 공감하는 능력을 길러 주며, 급변하는 현대 사회에서 혼란을 겪을 때 올바른 판단을 내리게 한다. 성경을 읽다 보면 책임감 있는 삶을 살아가는 데 필요한 지침을 얻을 수 있다. 진정한 성경 읽기는 배움을 통해 비로소 가능해진다.

성경 리터러시, 어떻게 배워야 하는가?

기존 성경 교육은 주로 교실이나 교회에서 이루어지고 있기에 성경을 삶 속에서 실천하는 데 한계가 있다. 교회와 가정이 연결되어야 하고 신앙의 가정은 사회와 연결되어야 한다. 성경은 삶을 변화시키는 메시지를 담고 있다. 성경을 삶 속에서 실천하고, 성경의 가치를 이웃과 나누는 것이 중요하다. 성경은 개인의 영성뿐만 아니라 사회와 공동체를 위한 메시지도 담고 있다는 점을 고려해야 한다. 그리하려면 성경의 내용을 이해하는 데 그치지 않고, 성경의 의미와 맥락을 이해하는 교육으로 나아가야 한다. 이를 위해서 교수자는 성경 독자들의 다양한 사고와 경험을 존중하고, 다양한 관점에서 성경을 바라볼 수 있도록 도와주어야 한다. 또 독자들이 성경을 주체적으로 이해하고 해석할 수 있도록 참여와 소통을 강조해야 한다. 이를 위해 독자들이 성경에 대해 자유롭게 질문하고 토론할 수 있는 교육 환경을 조성하는 것이 중요하다. 성경의 메시지를 삶의 다양한 영역에서 실천할 수 있도록 다양한 경험을 제공하는 교육이 이루어져야 한다. 성경의 개인적 영성과 사회적 실천의 두 가지 측면을 함께 고려하는 성경 교육을 통해 성경을 더욱 실천적으로 이해할 수 있게 될 것이다.

매디슨(Madison, 2020)은 "성경 리터러시는 성경의 기본적인 의미를 충분히 이해하여 식별된 의미를 실천(적용)하는 능력"(p.1)이라 했다. 성경은 고전 중의 고전이다. 고전은 깊이가 있고 삶에 영향을 주기에 독서 전문가들은 어려워도 고전 독서를 하라고 권한다. 고전 중의 고전인 성경의 평생 독자가 된다면 책을 읽고 이해하며 실천하는 능력을 갖추게 될 것이다. 지금까지 대부분의 공동체 문해 연구는 문화적으로 특정한 텍스트와 해석적 실천에 대한 정치적인 민족지학적 또는 사회언어학적 설명으로 이루어졌다. 이것들은 다양한 사회, 문화, 제도적 맥락에서 읽기와 쓰기의 사용과 기능에 중요한 통찰력을 제공했다. 그런데도 문화 콘텐츠와 세계관의 세대 간 재생산을 위한 매체로서 중립적인 의사소통 기술인 리터러시에 대한 강조는 제한적이었다(Kapitzke, 1995:1∼2). 시대가 변화함에 따라 교회와 기독교인의 삶도 변화한다. 하경수(2018)는 기독교인들이 전면적인 사고와 패러다임의 변화를 요구받고 있다고 했다. 실천하는 능력을 갖춘 리터러시 관점에서 성경을 바르게 읽으려면 우선 의미 구성 과정이 있어야 한다. 박병규(2019)는 성경이 하나의 '텍스트'로 존재하는 한, 읽기는 계속될 것이고, 독자의 자리는 성경이 새롭게 태어나는 해석의 자리가 된다고 했다. 말씀의 의미와 해석, 텍스트와 저자의 관계, 기록되어 읽힌 당시의 1차 독자와 현재를 살고 있는 2차 독자의 관계, 1, 2차 독자가 소속된 공동체와의 관계를 고려하며 읽어야 한다. 성경의 각 부분은 서로 유기적으로 연결되어 있으며, 하나의 전체를 이루고 있다. 따라서 성경을 이해하기 위해서는 각 부분을 독립적으로 이해하는 것뿐만 아니라, 전체적인 맥락 속에서 이해하는 것이 중요하다. 의사소통 기호의 일부로서 읽기와 쓰기는 사회 · 문화적 실천이며, 종교 안에서의 읽기와 쓰기를 일으키는 사회 활동은 신앙과 실천이다. 성경 독자는 성경 본문을 읽으며 우리를 사랑하시는 하나님을 발견하게 되고, 우리의 삶 속에서 신앙의 의미를 구성하게 될 것이다. 조남미(2011)는 독자가 사랑받는 존재라는 정체성을 가지면, 받은 사랑을 나누는 실천을 하며 평생 성경 독자로 살아가게 될 것이라 했다. 의미를 구성한다는 것은 나 중심으로 텍스트를 본다는 것이 아니다. 텍스트와 나누는 상호작용 속에서 내 삶의 의미를 재구성하는 것을 말한다.

이 책의 중점은 실천성을 포함한 리터러시 관점으로 성경을 읽는 것이다. 리터러시 관점으로 성경 읽기란 성경을 이해하고 해석하는 데 리터러시의 개념과 원리를 적용하는 것이다. 리터러시는 텍스트를 이해하고, 해석하고, 활용하는 능력을 의미한다. 이는 독서 교육이 실천적 속성을 갖춘 리터러시 교육으로 대체(정혜승, 2008:150)되고 있는 최근의 동향에서 나온 것이다. 이러한 리터러시의 원리를 적용하는 데 저자는 통전적 관점을 제안하고자 한다. 통전성은 관계성을 중심으로 이루어진다. 구약과 신약의 연속성, 구속의 이야기 전개, 하나님의 사랑과 정의의 실현은 한 분이신 하나님, 하나의 구원 역사, 하나의 윤리적 기준을 지향한다. 또 통전적 관점은 깨어진 관계성 회복과 온전한 조화를 지향한다. 소기천(2015)의 말처럼 우리 힘으로 온전할 수 없기에 온전하신 예수님을 믿고 닮아 가기(순종, 행함) 위해 평생 성경 독자가 되고자 하는 이들에게 방향성을 제시한다. 성경 리터러시를 통해 성경이 주는 풍부한 메시지를 온전히 받아들이고, 삶과 세계관이 풍요로워져 "성경을 왜 배워야 하는가?"라는 질문에 대한 답을 찾아가는 동시에, "나는 어떻게 성경을 읽어야 하는가?"라는 질문에 대한 실질적인 방향도 찾아가길 소망한다.

참고문헌

박병규(2019). 기호학적 성경읽기의 이론과 실제. 《가톨릭사상》. 59. 33-72.

소기천(2015). 춘계 이종성 박사의 통전적 신학에 관한 연구. 《한국개혁신학》. 47. 68-91.

이마이 무쓰미(今井むつみ)(2017). 『배움이란 무엇인가』. Ak(에이케이) 커뮤니케이션즈

정혜승(2008). 문식성(Literacy)의 변화와 기호학적 관점의 국어과 교육과정 모델. 《교육과정연구》. 150.

조남미(2012). 기독교교육의 방법으로서 성경읽기의 적용. 총신대학교 대학원 석사학위 논문.

하경수(2018). 웨슬리의 성경적 기독교 회복을 위한 성경읽기 : 하마알 성경학교 모델을 중심으로. 감리교신학대학교 대학원.

Kapitzke, C.(1995). *Literacy and Religion*. John Benjamins

Publishing Company. Amsterdamiphiladelphia. 1-2.
Madison, R. C.(2020). *Bible Literacy ; How to Start Reading the Bible.* Renewal Books. 1

차례

성경 리터러시, 배워야 할까? v

01 성경 읽기가 바꾼 삶 1

02 성경 리터러시의 개념 11

03 성경 리터러시의 통전성 23

04 성경 리터러시의 신학적 배경 33

05 성경 리터러시와 해석학 45

06 개신교 전통의 성경 읽기: 큐티 55

07 수도원 전통의 성경 읽기: 렉시오 디비나 65

08 유대 전통의 성경 읽기: 하브루타 75

09 성경 리터러시 교육 체제 85

10 통전성 기반 성경 리터러시 교육 사례 95

편집자 일러두기

- 인명, 작품명, 저서명, 개념어 등은 한글과 함께 괄호 안에 해당 국가의 원어를 병기했습니다.
- 외래어 표기는 현행 어문규정의 외래어표기법을 따랐습니다.

01

성경 읽기가 바꾼 삶

성경은 고전 중의 고전이다. 그리고 세계에서 번역본이 가장 많은 책이다. 여러 나라 말로 번역된 성경은 많은 사람에게 영감과 지침을 제공했다. 성경은 단순히 종교적인 텍스트를 넘어 서양 문화의 바탕을 이루는 중요한 요소가 되었다. 문학, 예술, 음악, 과학, 정치와 사회 각 분야의 사람들이 성경의 영향을 받아 인류 역사에 큰 족적을 남겼다.

4세기 기독교 신학의 거장인 아우구스티누스(Augustinus)는 성경을 철학적으로 해석하고 기독교 교리를 발전시켰다. 13세기 스콜라 철학의 대표적인 신학자인 토마스 아퀴나스(Thomas Aquinas)는 성경과 아리스토텔레스 철학을 종합하여 기독교 신학을 체계화했다. 16세기 종교개혁의 핵심 인물인 마르틴 루터(Martin Luther)는 성경을 라틴어에서 독일어로 번역하여 일반 대중이 성경에 접근할 수 있도록 했다. 그의 성경 해석은 개신교 신학의 기초를 다졌다. 프랑스의 종교 개혁가이자 신학자인 장 칼뱅(Jean Calvin)은 성경을 체계적으로 해석하고 조직화하여 칼뱅주의 신학을 확립했다(Lutzer, 2016).

성경을 근거한 고전 문학 작가

성경은 많은 작가에게 영감을 주었으며, 그 결과로 다양한 고전 문학 작품이 탄생했다(박형대, 2012).

『실낙원(Paradise Lost)』을 쓴 영국의 시인이자 작가인 존 밀턴(John Milton)은 성경의 창세기를 바탕으로 창조, 타락, 구원의 이야기를 웅장하게 그려냈다(Milton, 1667/2010). 이탈리아의 시인이자 작가인 단테 알리기에리(Dante Alighieri)는 성경의 세계관과 기독교적 상상력을 가지고 지옥, 연옥, 천국을 여행하는 여정을 통해 인간의 죄와 구원을 탐구하며 『신곡(Divine Comedy)』을 썼다 (Alighieri, 1555/2016). 단테의 작품은 중세 기독교 문화를 이해하는 데 중요한 자료이며, 오늘날까지도 많은 사람에게 영감을 주고 있다. 영국의 작가인 존 버니언(John Bunyan)은 우화 소설 『천로역정(The Pilgrim's Progress)』을 통해 기독교인의 영적 여정을 상징적으로 그려냈다 (Bunyan, 1678/2015). 이 작품은 신앙, 유혹, 구원 등 기독교의 핵심 교리를 설명하고 있다. 러시아의 소설가인 표도르 도스토옙스키(Fyodor Dostoevsky)는 『카라마조프가의 형제들(The Brothers Karamazov)』, 『죄와 벌(Crime and Punishment)』 등의 작품을 통해 성경의 도덕적 가치와 인간의 영적 갈등을 탐구했다. 그의 작품들은 인간의 자유 의지, 죄와 구원, 신의 존재 등 심오한 철학적 질문을 던지고 있다. 미국 소설가 허먼 멜빌(Herman Melville)은 성경의 요나 이야기를 모티브로 삼아 『모비딕(Moby Dick)』을 집필했다. 이 작품에서 그는 인간의 광기와 복수심을 심도 있게 보여 주고 있다.

성경에 영감받은 예술가

르네상스 시대의 3대 거장(Merlo, 2009)인 레오나르도 다빈치(Leonardo da Vinci), 미켈란젤로 부오나로티

(Michelangelo Buonarroti), 라파엘로 산치오(Raffaello Sanzio)는 성경에서 깊은 영감을 받아 예술 작품에 반영했다. 레오나르도 다빈치의 〈최후의 만찬〉은 예수와 열두 제자의 마지막 식사를 극적인 구도와 섬세한 감정 묘사로 담아내어 성경의 중요한 장면을 예술적으로 승화시켰다. 〈성 안나와 성 모자(The Virgin and Child with Saint Anne)〉는 성 안나, 성모 마리아, 아기 예수를 그린 작품으로, 성경 속 인물들의 인간적인 면모를 강조했다.

미켈란젤로는 성경을 주제로 한 많은 작품을 남겼다. 이 작품들은 예술사에서 매우 중요한 위치를 차지한다. 그 중 바티칸 시스티나 성당 '천장화(Sistine Chapel Ceiling)'는 천지창조, 아담과 이브의 타락, 최후의 심판 등 구약성서의 주요 장면들을 웅장하고 역동적으로 표현하여 성경의 이야기를 시각적으로 구현했다. 또 '다비드상'은 골리앗을 물리친 다윗을 묘사한 조각상으로, 성경 속 영웅의 용기와 힘을 상징적으로 표현한 작품이다. 〈피에타(Pietà)〉는 이탈리아어로 '슬픔', '비탄'을 의미하며, 성모 마리아가 십자가에서 내려진 아들 예수 그리스도의 시신을 안고 깊은 슬픔에 잠긴 모습을 표현한 작품을 일컫는 중요한 주제이다. 다양한 시대와 예술가들에 의해 여러 형태로 표현되었다. 뢴트겐 피에타, 미켈란젤로의 피에타, 아비뇽의 피에타, 로히어르 판데르 베이던의 피에타, 레바논 하리사의 피에타 등이 있다. 그중 성 베드로 대성당에 있는 미켈란젤로의 피에타 조각상이 유명하다.

라파엘로는 〈대공의 성모〉, 〈벨베데레 성모〉, 〈검은 방울새의 성모〉 등 수많은 성모 마리아 그림을 통해 이상적인 아름다움과 모성애를 표현했다. 또 성경 속 인물들을 조화롭고 우아하게 묘사하여 종교적 경건함을 전달했다. 미켈란젤로의 〈아테네 학당〉은 성경의 내용과 인물들은 아니지만, 교황의 개인 서재인 '서명의 방(Stanza della Segnatura)'에 그려진 그림으로, 기독교 사상을 널리 전파하는 데 이바지했다. 이처럼 르네상스 3대 거장은 성경에서 영감을 얻어 뛰어난 예술 작품을 창조했으며, 이는 서양 미술사에 큰 영향을 미쳤다(杉全 美帆子, 2010/2013).

네덜란드의 화가인 렘브란트 하르멘스존 판레인(Rembrandt Harmenszoon van Rijn)은 성경을 주제로 한 많은 그림에서 빛과 어둠의 강렬한 대비(키아로스쿠로 기법)를 활용하여 인간의 내면과 신앙심을 깊이 있게 표현했다. 〈십자가에서 내리심 (The Descent from the Cross)〉은 예수의 시신이 십자가에서 내려지는 장면을 묘사한 것이다. 빛과 그림자의 대비를 통해 슬픔과 비통함을 극적으로 표현했다. 〈돌아온 탕자(The Return of the Prodigal Son)〉

는 누가복음에 나오는 탕자의 이야기를 묘사한 것이다. 이는 아버지와 아들의 재회를 통해 용서와 사랑의 메시지를 전달하고자 했다. 〈아브라함의 희생(The Sacrifice of Isaac)〉은 아브라함이 아들 이삭을 제물로 바치려 했던 창세기 이야기를 묘사한 것이다. 렘브란트는 극적인 순간에 나타나는 천사의 모습을 통해 신의 개입을 강조했다. 렘브란트는 성경의 이야기를 단순히 재현하는 것이 아니라, 자신만의 독특한 해석과 감성으로 표현했다.

음악의 아버지라고 불리는 요한 제바스티안 바흐(Johann Sebastian Bach)는 〈마태 수난곡〉과 〈요한 수난곡〉을 통해 예수의 수난과 죽음을 웅장하고 감동적으로 표현하여 성경의 이야기를 음악으로 승화시켰다. 음악의 어머니로 불리는 게오르크 프리드리히 헨델(Georg Friedrich Händel)의 〈메시아〉는 성경의 예언과 예수의 생애를 웅장하고 아름다운 합창곡으로 표현하여 기독교 음악의 걸작으로 평가받고 있다.

성경을 실천한 정치가와 기업가

목사이자 인권운동가인 마틴 루서 킹 주니어(Martin Luther King Jr.)는 성경의 평등과 정의의 가르침을 바탕으로 미국 흑인 인권 운동을 이끌었다. 미국 건국자들의 성경에 근거한 자유와 평등의 가르침은 미국 독립 선언과 헌법에 큰 영향을 미쳤다. 영국의 정치인인 윌리엄 윌버포스(William Wilberforce)는 성경의 인간 존엄성에 대한 믿음을 바탕으로 영국 노예제 폐지 운동을 주도했다.

워너메이커(John Wanamaker)는 백화점의 창시자로 미국의 유명한 기업가이자 정치가다. 그의 삶과 사업은 성경적 가치관에 깊이 뿌리내리고 있다. 벤저민 해리슨 대통령(23대) 행정부에서 그를 체신부 장관으로 임명하고자 요청했을 시 주일성수와 주일학교 교사직을 조건으로 수락한 이야기는 유명하다. 그는 장관 4년 임기 동안 워싱턴에서 필라델피아까지 먼 거리를 오가며 교회에 출석하였다고 한다(전광, 2010).

미국의 석유 재벌이자 자선 사업가인 존 데이비슨 록펠러(John Davison Rockefeller)의 삶과 사업은 성경과 밀접하게 관련되어 있다. 그가 세운 스탠더드 오일사의 한 임원이 성경 출애굽기 2장 2~3절을 읽던 중 '역청'이라는 단어에 주목했다. 해당 구절은 아기 모세를 갈대 상자에 넣어 나일강에 띄워 보낼 때 역청과 나뭇진을 칠했다는 내용이었다. 성경에 나오는 '역청'은 영어로 'pitch'라고 번역되며, 이는 석유의 일종으로 해석될 수 있었다. 이 임원은 성경 구절을 통해 이집트 지역에 석유가 매장되어 있을 가능성을 떠올렸고, 윗선에 보고했다. 스탠더드 오일은 즉시 지질연구팀을 이집트로 보내 나일강 주변을 조사하게 했고, 실제로 그곳에서 대규모 유전을 발견했다. 이 일화는 성경 구절에서 영감을 얻어 실제 유전 발견으로 이어진 사례로 알려져 있다(이대웅, 2021).

재미교포 건축가이자 기업가인 하형록 회장은 '성경대로 비즈니스 하기'를 좌우명으로 삼고 있다. 그의 건축 설계 회사 '팀하스(Timhaas)'는 성경적 원칙에 따라 운영되고 있다. 그는 심장 이식수술을 두 번 하였는데 심장 수술을 하며 성경을 통독하게 되었다. 그중 잠언 31장은 그에게 큰 영감을 주었다. 잠언 31장은 현숙한 여인의 삶을 묘사하고 있다. 그러나 이는 단순히 여성에게만 적용되는 것이 아니라 남녀노소 모두에게 적용될 수 있는 지혜로운 삶의 원칙을 담고 있다. 하형록 회장은 이러한 원칙을 기업 경영에 적용하여 정직, 성실, 이웃 사랑을 실천하고 있다(하형록, 2016).

참고문헌

박형대(2012). 『성경을 어떻게 읽을 것인가?』. 성서유니온선교회.
이대웅(2021). 『최고의 부자 록펠러』. 비전북.

전광(2010). 『성경이 만든 사람』. 생명의말씀사.
하형록(2015). 『성경대로 비즈니스하기 P31』. 두란노.
Alighieri, D.(1555). *La Divina Commedia di Dante Alighieri.* 다니구치 에리야 엮음. 양억관 옮김(2016). 『단테의 신곡』. 황금부엉이.
Bunyan, J.(1678). *The Pilgrim's Progress.* Nath. Ponder. 유성덕 옮김(2015). 『천로역정』. CH북스.
Drane, J.(2009). *The World of The Bible.* Lion Hudson plc. 서희연 옮김(2011). 『성경의 탄생』. 옥당(북커스베르겐) .
Lutzer, E. w.(2016). *Rescuing the Gospel.* Baker Books. 손현선 옮김(2017). 『하룻밤에 읽는 종교개혁 이야기』. 국제제자훈련원(DMI).
Merlo, C.(1999). *Three Masters of the Renaissance.* B E S Pub Co. 노성두 옮김(2003). 『르네상스의 세 거장』. 사계절.
Milton, J.(1667). *Paradise Lost.* Peter Parker, Robert Boulter, Matthias Walker. 조신권 옮김(2010). 『실낙원』. 문학동네.
杉全 美帆子(2010). イラストで読む ルネサンスの巨匠たち. 강신이 옮김(2013). 『르네상스의 거장들』. 어젠다.

02

성경 리터러시의 개념

성경 리터러시(Bible Literacy)는 성경을 읽는 능력과 동기를 포함한다. 성경은 삶의 변화를 불러오는 실천적인 책이라 할 수 있다. 성경 독자가 읽은 성경 본문의 의미를 깊이 있게 이해하고 지혜를 찾게 되면 하나님과 사람들의 관계가 온전해지고 선한 일을 행할 능력을 갖추게 될 것이다. 성경 리터러시는 성경에서 찾은 지혜를 생활에 적용하는 능력 또한 포함한다.

텍스트로서의 성경

우리는 살면서 수많은 근원적 질문에 직면한다. 나는 누구인가? 왜 사는가? 어떻게 살아야 하는가? 이러한 질문들은 불확실성 속에서 살고 있는 우리가 삶의 방향을 잃고 방향성을 제시해 줄 무언가를 찾을 때 많이 하는 질문들이다. 과학자이자 무신론자인 김상욱은 〈알뜰신잡〉이라는 TV 프로그램에 나와 "종교는 인간이 해야 하는 가장 근본적인 합의를 갖고 있는 측면이 있다. 우리가 문명의 기반에 질문하지 않고 받아들이는 원초적인 것에는 종교가 깃들어 있다"라고 말했다. 무신론자인 과학자조차 종교는 근원적 질문에 해답을 가지고 있다고 믿는 것이다. 근원적 질문에 답해 줄 수 있는 가장 오래된 책이 성경이다.

성경은 창조 이야기부터 시작하여 인간의 본성, 삶의 의미, 죽음 이후의 세계에 대한 통찰력을 제공한다. 또 성경은 인간의 종교와 문화에 가장 큰 영향을 준 책이다. 세계 3대 유일신 종교인 기독교와 유대교, 이슬람교는 모두 구약성경에 근원을 두고 있다. 또한 가장 많은 언어로 번역된 책이 성경이다. 가장 많이 출판되고, 반포되었다. 성경은 과거 2000년 동안 집중적으로 연구되고, 독서와 명상의 대상이 되었다(윤형배, 2006:17). 성경의 영문명인 '바이블(Bible)'은 책들이라는 뜻을 가진 라틴어 '비블리아

(biblia)'에서 유래했다. '비블리아'는 기록된 문서라는 뜻을 가진 헬라어 '비블로스(biblos)'에서 왔다. "AD 5세기 헬라 교부들로부터 '비블리아'라는 말이 성경을 가리키는 단어로 쓰이게 되었으며 서방교회로 퍼져 성경을 가리키는 단어로 굳어졌다(하영조, 2017:669)." 맥그래스(McGrath, 2003/2016)는 바이블(Bible)을 기독교인들의 삶과 일상에서 권위를 가지는 책들의 모임을 언급할 때 쓰는 말이라고 하며 하나님 말씀으로서의 정경에 대해 언급했다. 정경을 뜻하는 'canon'은 헬라어 '카논(Canon)'에서 왔다. 'canon'은 갈대, 곧은 막대라는 뜻으로 측정 기준이나 규칙을 뜻하게 되었다. 당시 갈대, 곧은 막대는 물건을 측정하는 잣대로 사용되었다. 성경은 초대 교인들에게 '신앙과 삶의 규칙'이었다(Ferguson, 2014/2015:40). 정경화 과정을 거치며 가톨릭은 정경에 외경을 포함하여 구약 46권, 전체 73권으로 결정하였고, 개신교에서는 히브리어 원본이 있는 구약성경 총 39권, 신약성경 총 27권으로 총 66권만을 정경, 즉 성경전서로 인정했다.

구약성경(舊約聖經, Old Testament)이란 명칭은 '옛 언약'이란 의미다. 현재 사용하고 있는 구약성경은 히브리어로 쓰인 유대교의 히브리 성경에 기인하고 있다. 구약을 공유하고 있지만 전통 대대로 아주 다양하게 해석해 왔다.

유대교의 히브리 성경 배열과 기독교의 구약성경 배열 순서가 이 다양성을 말해 주고 있다. 유대교는 모세오경인 토라(T)와 예언서(N), 성문서(K)로 이루어져 있다. 세 부분의 첫 글자를 따서 타나크(TNK)라고 읽으며 히브리 성경을 표시한다. 여기서 예언서는 성경을 읽고 해석하는 열쇠처럼 다룬다(Barton, 2019/2023:536). 기독교의 구약성경은 본래 유대인 학자 70명이 히브리어 성경을 당시 통용되던 헬라어로 번역한 것에서 유래하는데, 이를 '70인 역'이라고 부른다. 이 70인 역 사본 이후, 구약성경은 모세오경, 역사서, 시가서, 예언서의 네 가지 주요 부분으로 구성되어 있다. 예언서가 히브리 전통에는 중간에 위치하고 헬라어 전통 성경에는 끝에 위치하는 배열은 이들의 신학적인 의도를 나타낸다. 우리가 가지고 있는 성경에서 예언서는 위치상 신약성경으로 이끌어 가는 역할로 이해할 수 있다. 이는 하나님이 미래에 이루실 일들을 강조함으로써, 구약의 약속이 신약에서 성취된다는 연결 고리를 발견할 수 있게 한다(Barton, 2019/2023; 김근주, 2021).

신약성경(新約聖經, New Testament)은 '새 언약'이라는 뜻으로 구약의 성취와 완성을 이야기하고 있다. 신약성경은 코이네(koine) 헬라어로 쓰였다. 구약과 신약이라는 명칭은 2세기 말 유대교 경전과 성경을 구별하려고 사용하게 되었다(정수영, 2016:16; 하영조, 2017:669). 신약성경은 복음서, 역사서(요한복음), 바울서신, 공동서신, 예언서(요한계시록)로 분류되어 있다(조병호, 2014:21~22). 신약의 예언서는 끝에 배열되어 새 하늘과 새 땅에 대한 소망을 주고, 예수님의 재림과 앞으로 이루어질 미래와 그 완성을 이야기하고 있다(조병호, 2014:22). 신약의 복음서와 바울서신은 구약을 전제하고 읽을 때 진정한 의미를 알 수 있게 된다. 이 땅에 오신 그리스도의 의미가 무엇인지, 완전하신 하나님의 계시가 예수 그리스도로 말미암아 구체적인 일상의 현실이 되었다는 의미가 무엇인지 드러날 것이다(김근주, 2021:140).

종교개혁자 루터와 칼뱅에게 하나님은 성경을 통해서만 알려질 수 있었다. 종교개혁의 출발도 성경을 근거로 한다. 존 웨슬리도 종교개혁자들의 '오직 성경만으로'라는 원리를 토대로 '은혜의 수단'을 언급하면서 "은혜의 수단으로 성경을 연구하는 과정은 전통과 이성과 체험이 상호 보완적으로 작용한다(이성민, 2015:151)"라고 했다. 성경 내용이 하나님의 말씀이 되기 위해서는 그리스도 안에서 심판하시고 용서하시는 하나님의 임재가 체험되어야 한다. 말씀은 성경을 통해 발견된다. 이 말씀은 성령을 통해 믿는 자의 마음속에서 확인된다(Dillenberger & Welch,

2004:72). 성경 번역은 기독교 신앙의 근본이 되는 경전을 모든 기독교인에게 전달해 직접 읽고 자기의 믿음에 대해 성찰하도록 해 주었다. 이를 통해 성직자에게만 의존해야 했던 성경 이야기를 기독교인들이 직접 읽고 하나님을 체험하게 되는 큰 변화를 불러온 것이다.

성경을 안다는 것의 의미

성경을 안다는 것은 단순히 성경의 내용을 많이 알고 있다는 것을 의미하지 않는다. 성경은 하나님의 말씀이며, 하나님의 뜻을 담고 있다. 따라서 성경을 안다는 것은 하나님의 뜻을 알고, 그 뜻에 따라 살아가는 것을 의미한다. 즉, 하나님을 알고, 하나님의 말씀을 이해하고, 하나님을 사랑하고 하나님께 순종하는 것이다. "성경은 하나님이 인류에게 주시는 믿음과 소망과 사랑의 말씀으로 하나님을 만나는 지점이며, 인간관계의 본질을 탐구하는 곳이기도 하다."(Mulholland, 1985, 이만금, 2007:26 재인용) 성경은 하나님에 대한 지식을 제공한다. 하나님이 누구신지, 하나님이 어떤 일을 하셨는지, 하나님이 우리에게 무엇을 요구하시는지 등을 알려 준다. 성경을 통해 하나님을 알게 되면, 하나님과의 관계 속에서 자신을 발견하게 되고 그 관계 속에서 성경을 통해 말씀하시는 하나님의 뜻을 이해하고,

하나님의 가르침을 따를 수 있게 된다. 성경을 통해 하나님을 사랑하게 되고, 하나님을 기쁘게 하는 순종의 삶을 살 수 있게 되는 것이다. 이 모든 과정은 성령의 도우심으로 이루어진다. 따라서 성경을 통해 하나님을 알게 되고, 하나님과 동행하는 삶을 살 수 있다면, 우리는 진정한 의미에서 성경을 아는 것이라고 할 수 있다.

성경을 안다는 것은 단기간에 이루어지는 일이 아니다. 성경을 꾸준히 읽고 묵상하며, 하나님과의 관계를 맺어 가는 과정에서 점진적으로 이루어진다. 성경은 하나님이 하신 약속을 떠올리게 하며, 그가 행하실 일을 말하며 그의 약속이 확실히 실행될 것임을 선포하고 있다(Ryle, 1977/1991:133). 성령의 도움으로 우리 삶에 적용되는 성경 말씀은 영혼을 하나님께로 돌이키는 중요한 역할을 한다. 이러한 큰 변화는 대개 성경 말씀이 인간의 양심에 교훈으로 다가오면서 시작된다. 성경은 우리를 거룩하게 하고, 덕을 쌓도록 가르치며, 모든 선한 일을 할 수 있도록 온전하게 준비시켜 준다. 성경은 믿는 자가 하나님을 기쁘시게 하려면 어떻게 해야 하는지 가르쳐 준다(Ryle, 1977/1991:133).

성경 리터러시

리터러시(literacy)는 글을 통해 의미를 구성하기 위해 사회적 맥락에 요구되는 방식으로 읽고 쓸 수 있는 능력과 의지를 말한다. 라틴어 literatus에서 유래한 형용사 literate(글을 읽고 쓸 수 있는, 교양 있는 박식한)에서 왔다. 이 말은 키케로 시대에 '학식 있는 사람', 중세 시대에는 '라틴어를 읽을 수 있는 사람', 종교개혁 이후에는 '모국어를 읽고 쓸 줄 아는 능력'이라는 의미로 사용되었다. 의미가 시대에 따라 계속 변화했다. 디지털 시대의 'literacy'는 컴퓨터를 이용할 수 있는 기능을 갖추고, 기술적 지식과 비판적 사고력과 학습 과정을 새로운 관점으로 이해하는 의지와 실행 능력의 의미를 통합적으로 보유하고 있다(한국어문교육연구소 · 국어과교수학습연구소, 2006).

『독서 교육 사전』에는 문해력(literacy)이란 '글을 통해 의미를 구성하기 위해 사회적 맥락에 요구되는 방식으로 읽고 쓸 수 있는 능력과 의지를 말한다(한국어문교육연구소 · 국어과교수학습연구소, 2006)'라고 기록되어 있다. 'literacy'를 문식성으로 번역한 노명완 · 이차숙은 "문식성이란 글을 배워 알고 더 나아가 이를 활용하여 지식과 정보에 접근하고 이를 분석 · 평가 · 소통하며 개인과 사회의 문제나 과제를 해결하는 능력을 말한다. 문식성이란 문자

언어를 통해 지식과 정보를 활용하는 능력을 의미하기 때문에, 학자들은 문식성을 개인, 사회, 국가 차원에서 지적 수준을 가늠하는 중요한 척도로 삼아 논의하기도 한다(노명완 · 이차숙, 2002)"라고 소개하고 있다. 조병영(2021)은 리터러시의 의미가 복합적이고 포괄적이며 다층적인 맥락을 가지고 있기에, 번역의 난제를 해결하기 위해서라도 '리터러시'라는 말을 번역하지 않고 그대로 사용한다고 했다. 저자 또한 읽고 쓰는 능력과 이를 활용하여 분석 · 평가 · 소통하고 문제를 해결하는 실천 능력을 포함하고 있는 포괄적인 의미의 리터러시로, 문해력이나 문식성이라 번역하지 않고 '리터러시'라는 말 그대로 사용하여 성경 리터러시라고 표현하려 한다.

성경 리터러시(Biblical Literacy)는 성경을 읽고 이해하고 실천하는 능력을 의미한다. 이는 단순히 문자를 읽고 해석하는 능력을 넘어, 성경의 역사적 · 문화적 · 신학적 배경을 이해하고 성경의 메시지를 자기 삶에 적용하는 능력을 포함한다. 성경은 기독교의 근본적인 신앙과 교리를 담고 있는 문헌으로, 성경 리터러시는 기독교 신앙의 이해와 실천에 필수적인 역량이다. 성경 리터러시는 다양성과 관계성과 적용성을 포함한다. 성경은 이스라엘 역사와 신앙의 전통을 담고 있기에 다양한 시대와 문화적 배경을 반영하고 있다(Barton, 2019/2023:24). 성경은 다양한 장르와 문체로 쓰인 방대한 주제와 관점을 다루는 책이다. 따라서 성경 리터러시는 성경이 가진 다양한 측면－역사적, 문학적, 신학적, 문화적 배경 등－을 깊이 있게 이해하는 능력을 포함한다. 더 나아가, 이는 성경의 각 부분을 적절하게 해석할 수 있는 능력까지 필요로 한다. 또 성경은 하나의 통일된 메시지를 전달하는 책이다. 따라서 성경의 각 부분이 서로 연결되어 있다는 사실을 인식하고 성경 전체의 관계(Loder, 2018/2020:421)를 바라보는 통찰력도 필요하다. 끝으로 성경은 오늘날 우리에게도 의미 있는 메시지를 전달하는 책이다. 성경은 우리 삶에 대한 깊은 통찰과 지혜를 담고 있어, 독자 스스로 그 의미를 깨달을 수 있도록 돕는다(Wink, 2022:39). 따라서 성경 리터러시는 성경을 통해 세상을 바라보고 해석하며 메시지를 자기 삶에 적용할 수 있는 능력이 필요하다. 우리는 성경의 의미를 깊이 이해하고, 성경의 가르침을 삶에 적용하여 더욱 풍요로운 삶을 살아갈 수 있다. 성경 리터러시는 개인의 신앙 성장과 삶의 변화를 위해 필수적인 능력이다. 성경을 올바르게 이해하고 적용함으로써 우리는 하나님의 뜻을 더 깊이 깨닫고, 하나님과 더 가까운 관계를 맺을 수 있게 될 것이다.

참고문헌

김근주(2017). 『나를 넘어서는 성경 읽기』. 성서유니온.

김상욱(2018). 과학박사이자 무신론자 김상욱이 생각하는 종교를 완전히 부정할 수 없는 이유. 〈알쓸신잡3〉. https://youtu.be/asGKOTRTobE?si=wXzsdoUr5d9Y0l3U

노명완·이차숙(2002). 『문식성연구』. 박이정.

윤형배(2006). 『성독과 통독을 통합하는 성경읽기』. 한들출판사.

이만금(2007). 성서기호학과 거룩한 독서를 접목한 통전적 성서교육. 《기독교교육총론》, 15.

이성민(2015). 『성경과 설교』. CLC.

조병영(2021). 『읽는 인간 리터러시를 경험하라』.쌤앤파커스.

조병호(2012). 『통성경 길라잡이』. 통독원. p.22

정수영(2016). 『성경의 역사』. 쿰란출판사.

최은아(2024). 통전성 기반 성경 리터러시 교육프로그램 모형 개발. 가톨릭대학교 대학원 박사학위 논문.

하영조(2011).『비전 성경 사전』. 두란노.

한국어문교육연구소·국어과교수학습연구소(2007). 『독서 교육 사전』. 교학사.

Barton, J.(2019). *History of the Bible : the story of the world's most influential book.* Viking 박규태 옮김(2023). 『성서의 역사』. 비아토르.

Dillenberger, J. & Welch, C.(1954). *Protestant Christianity.* Pearson Education, Inc., publishing as Prentice Hall. 주재용·연규홍 옮김(2004). 『프로테스탄트 교회의 역사와 신학』, 한신대학교 출판부.

Ferguson, S.(2014). *From the mouth of God.* Banner of Truth. 김태곤 옮김(2015). 『성경, 하나님의 말씀』. 생명의말씀사.

Loder, J, E.(2018). *Educational ministry in the logic of the spirit.*

Wipf and Stock. 이규민 옮김(2020). 『통전적 구원을 위한 기독교교육론』. 대한기독교서회.
McGrath, A. E.(2003). *Theology : the basics*. Wiley -Blackwell. 박태수 옮김.(2016). 『기독교 기초신학』. CLC.
Ryle, C. J.(1977). *Practical religion*. CreateSpace. 지상우 옮김(1991). 『실천적 신앙』. 기독교문서선교회.
Wink, K. A.(2022). *The Feedback Process: Engaging Students with Meaningful Comments About their writing*. Bloomsbury.

03

성경 리터러시의 통전성

통전성(Holistic)은 부분성, 분절성, 파편성의 반대개념이다. 이민규(2016)에 따르면 통전성은 양극이 보여 주는 가능성, 창조성을 극대화하고 한계성, 파괴성은 극소화하는 것이다. 통전성은 하나님의 사랑으로 온전한 관계를 맺어 가는 것이라 할 수 있다. 신학에서의 통전성은 궁극적으로 하나님의 보편적 실재성에 근거를 두고 있다(윤철호, 2015).

통전성과 성경 리터러시

현대사회는 다양한 분야가 서로 밀접하게 연결되어 있으며, 이러한 변화를 이해하고 대처하기 위해서는 통전적인 시각이 필요하다. 통전적(holistic)이란 단어는 헬라어 형용사 'Holos'에서 파생되었다. 'Holos'는 '전부의', '전체의', '분리되지 않는', '온전한'이라는 뜻이 있다. "통전성(統全性)"은 완전하고 일치된 상태, 즉 말과 행동이 일치하는 성실함을 의미하기도 하고, "통전(統全)"은 전체를 아우르고 조화시키고 통합한다는 뜻으로 쓰이기도 한다.

성경 마가복음 20장에 사용된 'Holos'의 뜻을 살펴보면 이해하기 쉽다. '다하다'라고 번역된 '모든(All)'이라는 뜻의 단어는 헬라어 'holos'를 사용하고 있다. 여기서 통전적이란 포괄적이고 모든 측면을 포용함과 동시에 그것을 규정하고 있다. 이러한 의미로 'holos'는 복음의 포괄성을 뜻하는 충만함(fullness)과 연결된다. 신약의 '통전적임(holism)'라는 단어는 세상을 구원하고자 하시는 하나님의 영역이 우주적이고 모든 것을 포괄하고 포용적이라는 것과 관련이 있다. 통전적이라는 단어는 신약의 다른 곳에서도 사용되는 것을 볼 수 있다(요3:16, 고후5:19, 마28:18, 골1:17～190, 빌2:9～11, 요17:21～23)(Guder, 2005). '통전적'은 진리이신 하나님 안에서 이루어지는 통전성을 바탕으로 한다.

이규민(2016)은 통전(統全)이란 다양한 요소들을 한데 모아 놓은 것을 가리키지 않고, 양극이 보여 주는 가능성과 창조성을 극대화하고 양극이 가진 한계성과 파괴성을 극소화해 나가고자 모색하는 제3의 지점을 지향한다고 말한다. 적극적, 긍정적 제3의 지점을 지향하는 통전성은 양극의 창조적 긴장과 균형을 잡으면서 창조적 가능성을 모색하며 끊임없이 나아가는 것이다. 조은하(2010)는 통전적 영성을 논하면서 연결과 소통과 상호교류에 통합의 의미로 통전성을 언급하고 있다. 윤철호(2015)는 전체를 아우르고 조화롭게 통합한다는 뜻으로 통전성을 말한다. '통전'은 위와 아래, 오른쪽과 왼쪽, 긍정과 부정, 특수성과 일반성, 개별자와 보편자, 그리고 믿음과 지식과 실천을 아우르고 통합하려는 개념이다. 이는 절충주의나 혼합 주의에 빠지는 것이 아니라 온전성(wholeness)을 지향한다.

텍스트, 컨텍스트, 독자의 통전성

성경 리터러시의 통전성은 텍스트, 컨텍스트, 독자라는 세 가지 요소의 관계성에 의해 발현된다. 성경 리터러시에서 텍스트는 가장 기본적인 요소로, 성경 본문 그 자체를 의미한다. 텍스트를 이해하기 위해서는 문학 장르, 어휘와 문법, 핵심 주제와 구조를 고려해야 한다. 성경은 역사서, 시가서, 예언서, 서신서, 묵시록 등 다양한 문학 장르로 구성되어 있다. 본문이 전달하려는 의도를 파악하는 데는 장르별 특성을 이해하는 것이 필수적이다. 예를 들어, 시편은 시적 표현과 은유가 풍부하므로 사실적 정보보다는 정서적, 영적 의미를 파악하는 데 중점을 두어야 한다. 성경은 고대 언어(히브리어, 아람어, 헬라어)로 기록되었으며, 번역본을 읽더라도 원문의 어휘와 문법적 특징을 이해하려는 노력이 중요하다. 같은 단어라도 문맥에 따라 다른 의미가 있을 수 있다. 그래서 성경의 각 권이 전달하고자 하는 핵심 메시지와 전체적인 내용의 흐름, 즉 구조를 파악하는 것이 중요하다. 이는 개별 구절의 의미를 큰 그림 안에서 이해하는 데 도움을 준다.

'컨텍스트(Context)'란 성경 텍스트가 기록되고 이해되는 환경과 배경 전체를 의미한다. 구체적으로는 성경의 각 부분이 쓰일 당시의 역사적 사건, 사회 구조, 정치적 상황 등을 모두 아우르는 개념이다. 예를 들어, 구약의 예언서를 이해하기 위해서는 이스라엘 백성의 바벨론 포로기나 앗수르의 침공과 같은 역사적 배경을 알아야 한다. 성경 시대의 문화적 관습, 풍습, 사고방식 등을 이해하는 것은 본문에 등장하는 비유나 상징을 더 정확하게 해석할 수 있게 한다. 컨텍스트는 곧 성경 전체의 신학적 흐름과 메시지 안에서 특정 본문이 차지하는 위치와 맥락을 이해하는 것을 말한다. 예를 들어, 신약의 한 구절을 해석할 때 구약의 언약 사상이나 예수 그리스도의 구원 사역과 같은 전체 성경의 신학적 맥락을 고려하는 것이다. 또 컨텍스트는 성경을 실천할 2차 독자의 배경과 환경을 의미하기도 한다.

통전성에 기반한 성경 리터러시에서 독자는 텍스트와 컨텍스트를 적극적으로 해석하고 의미를 구성하는 주체를 의미한다. 독자의 선이해와 배경, 해석적 관점, 삶에 적용이 중요하다. 독자는 각자 고유한 경험, 신앙, 가치관을 가지고 성경을 읽는다. 이러한 독자의 선이해는 성경을 이해하는 데 긍정적 혹은 부정적인 영향을 미칠 수 있다. 자신의 선이해가 무엇인지 인식하고, 필요한 경우 이를 점검하는 태도가 중요하다. 독자는 다양한 해석적 관점을 통해 성경을 이해할 수 있다. 역사 비평적 관점, 문학 비평적 관점, 신학적 관점 등 여러 해석 방법을 숙지하고 적용함으로써 텍스트를 여러모로 조명할 수 있다. 성경 리터러시의 궁극적인 목표는 성경 지식 습득을 넘어, 성경의 메시지를 자기 삶과 연결하고 변화를 추구하는 것이다. 읽은 내용을 통해 자신의 가치관, 행동, 신앙을 성찰하고 실천하려는 의지가 필요하다.

결론적으로 통전성에 기반한 성경 리터러시는 성경 텍스트가 기록된 역사적 · 문화적 · 신학적 컨텍스트를 이해하고, 이를 독자가 자신의 선이해와 해석적 관점을 통해 적극적으로 소화하며 삶에 적용하는 총체적인 과정이다. 이 세 가지 요소가 균형 있게 상호작용할 때 성경을 더욱 풍성하고 깊이 있게 이해할 수 있다. 통전성을 실천적인 것으로 이해한 미국의 신학자 구더(Guder, 2005)는 말씀과 삶은 분리될 수 없는 것이라고 말한다. 말씀은 삶의 지침이 되어야 하며, 삶은 말씀에 따라 변화되어야 한다. 또 전통은 미래를 위한 토대가 되어야 한다. 전통은 과거의 경험과 지혜를 담고 있으며, 미래를 향한 나침반이 되어야 한다고 진술한다. 교회는 세상과 분리될 수 없기에 세상의 소금과 빛으로서, 세상을 변화시키는 역할을 감당하며 교회의 내부와 외부의 통합을 추구해야 한다고 강조하고 있다.

헬라적 읽기와 히브리적 읽기의 통전성

'신구약의 통전성'은 구약과 신약성경이 서로 분리된 별개의 책들이 아니라, 하나의 구속사적 맥락 안에서 유기적으로 연결되어 있다는 것을 의미한다. 신구약 성경 전체가 하나의 통일된 진리를 담고 있다. 성경적 세계관을 결정하는 요소인 창조, 타락, 구속(Wolters & Gohen, 1992/2022)이라는 성경의 메타 내러티브를 통해 자기중심성에서 벗어나 성경적 삶을 살아갈 수 있게 된다. 구더(Guder, 2005)도 통전성을 하나님의 창조, 구속, 성화의 행위에서 발견되는 일관성 있는 패턴으로 정의한다.

구약성경은 히브리어로 신약성경은 헬라어로 기록되었다. 지금 우리가 사용하고 있는 성경책은 히브리어 성경을 헬라어로 번역한 70인 역을 주로 따르고 있다. 70인 역은 본래 히브리 성경과 다르게 헬라식으로 읽기 쉽게 재편성한 것이다. 읽기 쉽게 각 권을 분리하고 책 제목을 붙이고 장, 절을 매겼다. 보기 쉽고 찾기 쉽게 재구성했다. 본래 히브리 성경은 하나님이 주신 원본을 그대로 따르고 있다. 각 권을 표현하는 제목이 없다. 맨 앞 글자로 된 내용이 제목이 된다. 물론 장, 절도 없이 이야기식으로 되어 있다. 토라(모세오경)는 하나의 두루마리로 되어 있다. 다섯 권이 아닌 한 권의 두루마리 책이다. 히브리적 방식은 가능한 한 원본을 그대로 따른다. 유대인 성경학자인 아브라함 헤셸(Abraham J. Heschel)은 “헬라인은 성경을 이해하려고 읽고, 히브리인은 하나님을 경외하려고 읽으며, 현대인은 성경을 사용하려고 읽는다”(이대희, 2020:44)라고 했다. 헬라적 방식은 우리가 이해하는 구조로 다시 체계를 세우는 것을 좋아한다. 그래서 생겨난 것이 성경을 교리와 신학으로 조직하는 조직신학적 성경 읽기 방식이다. 지금 우리가 사용하는 성경 통독은 대부분 이 방식을 따르고 있다. 헬라적 성경 읽기가 지식을 배우고 깨달아 이해하기 위해서 분석하고 이분법적인 분리 사고를 지향한다면 히브리적 성경 읽기는 행하기 위해서 실천에 초점을 두고 읽는 통합적 사유를 촉진한다(류호영, 2022:39).

가장 좋은 성경 읽기 방식은 성경이 쓰인 구성대로 읽는 것이다. 66권의 성경책은 실천을 목표로 구성되었다. 이런 구조로 성경을 읽으면 성경 전체가 하나로 이해되면서 인격적이며 전인적으로 성경을 읽고 삶에 적용할 수 있다. 성경 구조를 그대로 따라가면 삶의 실천에 자연스럽게 연결된다. 신약도 같은 구조로 이해할 수 있다. 복음서가 원리에 해당한다면 사도행전은 역사와 해석에 해당하고, 서신서는 삶의 적용에 해당한다. 요한계시록에서는 교회 역사를 배경으로 시대를 관통하는 복음의 메시지를 배울 수 있다. 구약은 예언과 약속의 측면에서 복음을 이야기하고 있다면, 신약은 약속이 성취되는 과정으로 성경 이야기가 단절되지 않고 연결되면서 점층적으로 확산하여 나가는 구조로 되어 있다.

히브리적 성경 읽기는 전체를 세대별로 단절하기보다는 성경 66권을 하나의 이야기로 보는 방식이다. 유대인은 성경을 '타나크'라고 말하면서 이런 구조를 갖고, 지금 도 이런 방식으로 성경을 읽고 있다. 성경 통독의 연대기적 방법은 역사 이야기에 적용하면서 아울러 '원리-해석-적용'에 이르는 방식으로 보완할 필요가 있다. 연대기적인 방법을 복음과 하나님 나라의 측면으로 발전시켜 성경 전체를 아우르는 방식이 적합하다(강영안, 2020; 이대희, 2020). 히브리적 성경 읽기는 신앙적 의미의 "성경은 어떤 의미들로 되어있나?"라는 질문을 중심으로 이야기 속 하나님의 뜻을 찾고자 한다. 헬라적 성경 읽기는 "성경을 읽었을 때 어떻게 의미 구성을 하는가?"라는 질문을 중심으로 사유적인 내면화를 중요하게 여긴다. 예수님의 승천 이후 복음을 전한 바울은 최고의 헬라 교육을 받은 히브리인이다. 바울은 복음을 헬라인의 사고에 맞게 히브리적으로 해석하여 헬라식으로 전달했다. 히브리적 사고와 헬라적 사고의 통전을 이룬 성경 속 인물이라 할 수 있다. 바턴(Barton, 2023)은 헬라적 읽기와 히브리적 읽기는 신구약을 통합하여 이해하고 읽기에 영향을 준다고 했다.

참고문헌

강영안(2020). 『읽는다는 것』. IVP.

류호영(2022). 『성경 해석의 관점』. 이레서원.
윤철호(2015). 통전적 신학방법론-춘계 이종성의 신학 방법론을 중심으로. 《장신논단》, 47(1), 125-149.
이규민(2016). 『포스트 모던시대의 통전적 기독교교육』. 한국장로교출판사.
이대희(2020). 『성경, 어떻게 읽어야 할까?』. 브니엘출판사
조은하(2010). 『통전적 영성과 기독교교육』. 동연.
최은아(2024). 통전성 기반 성경 리터러시 교육프로그램 모형 개발. 가톨릭대학교 대학원 박사학위 논문.
Barton, J.(2019). *History of the Bible : the story of the world's most influential book*. Viking 박규태 옮김(2023). 『성서의 역사』. 비아토르.
Guder, D.(2005). 통전적 선교신학을 향하여: 세계, 공동체, 이웃. 《선교와 신학》, 15, 153-177.
Wolters, A. M. & Gohen, M. W.(1992). *Creation regained : biblical basics for a reformational worldview*. Eerdmans Pub Co. 양성만·홍병룡 옮김(2022). 『창조 타락 구속』. IVP.

04

성경 리터러시의 신학적 배경

신학적이란 거룩함 즉, 하나님 중심적이라는 뜻이다. 성경은 하나님이 인간에게 주신 말씀이며, 그 내용은 하나님의 진리와 사랑을 담고 있다. 성경이 하나님과 인간의 관계에 대한 가르침을 담고 있고, 인간의 구원에 대한 가르침과 윤리적 가르침을 담고 있다는 것이다(류호영, 2022). 통전성을 강조하는 신학은 성경신학과 통전신학과 내러티브 신학 등이 있다.

성경신학

성경신학(聖經神學, Biblical theology)은 성경의 교리적인 접근보다는 구속 계시의 점진적인 발전을 연구하는 기독교 신학 분야다.

> 잘못된 성경 읽기는 삶을 잘못된 방향으로 향하게 한다. 성경을 읽기는 하지만 직접적인 본문의 맥락이나 성경 전체의 맥락을 이해하지 못한 채 본문으로 바로 들어간다. 성경을 전체적으로 봐야 기준 삼아 성경을 올바로 해석하고 또한 올바른 삶을 살 수 있다. 성경을 분절적으로 보지 않고 전체를 해석의 중심에 놓는 것이 성경신학의 임무이다(Hamilton, 2013/2015:7).

요한 필리프 가블러(Johann Philipp Gabler, 1753~1826)가 시작한 이후에 이 성경신학은 근대에 프린스턴 신학교의 게르하르더스 보스(Geerhardus Vos)와 같은 신학자들에 의해 크게 발전했다. 웨스트민스터 신학교의 에드워드 J. 영(Edward Joseph Young)과 리처드 개핀(Richard B. Gaffin Jr)과 같은 학자들에 의해서 널리 보급되었다(Klink III & Lockett, 2015). 성경신학은 조직신학

연구의 증거 본문들을 모은 것을 지칭했으나 가블러의 "성경신학과 교의신학 사이의 정당한 구별"이라는 논문에서 처음 쓰이게 되었다(Vos, 2003/ 2017). 가블러에 따르면, 성경신학은 성경 저자들이 자신의 시대와 문화적 배경 속에서 표현한 신학을 이해하는 학문이고, 교의신학은 성경신학의 결과를 바탕으로 교회가 정립한 교리를 연구하는 학문이다. 성경신학은 성경 저자의 의도와 목적을 이해하고, 교의신학은 성경에서 도출된 교리를 체계화한다. 성경신학은 성경 연구의 방법과 방향을 크게 바꾸어 놓았다. 성경을 역사적 문헌으로 바라보게 하여 성경을 이해하는 새로운 시각을 제시한 것이다. 또한, 성경신학과 교의신학의 구별을 통해 성경신학의 독자성을 확보하고, 성경 연구의 객관성을 강화하는 데 이바지했다. 19세기에는 가블러의 영향을 받은 성경신학자들이 등장하여 성경의 역사성과 객관성을 강조하는 연구를 진행했다. 20세기에는 성경신학이 더 많이 발전하여 성경의 문학성과 문화적 배경을 고려하는 연구가 이루어졌다(Klink III & Lockett, 2012/2015). 성경신학의 쟁점들은 구약성경과 신약성경의 관계, 역사적 다양성과 신학 통일성의 관계, 성경신학의 범위와 자료, 성경신학의 주제다. 라킷(Klink III & Lockett, 2012/2015)은 『성경신학의 5가지 유형』에서 신학적인가, 역사적인가에 따라 다섯 가지 유형으로 성경신학을 배열하고 있다.

성경신학의 1유형(Historical Description)은 역사라는 범주와 역사가의 과제라는 두 가지 요소에 의해서 강력한 틀이 형성되기 때문에 가장 역사적이고 서술적이다. 제2유형(History of Redemption)의 기본적인 범주는 구속사다. 성경을 하나로 묶는 것은 여전히 역사지만, 그것은 신학적인 기준에 근거한 '특별한 역사'다. 성경은 시대에 따라 발전하는 구원의 역사를 계시한다. 제3유형(Worldview-Story)은 문학적이면서도 철학적인 범주에 속하는 내러티브(narrative)로 구성된다. 3유형은 역사적 관심과 신학적 관심 사이에서 균형을 맞추고자 시도한다. 이 접근법은 성경을 연속적이고 상호 관련된 이야기로 읽으면서 성경 전체에 걸쳐 내러티브의 연속성(narrative continuity)을 찾아낸다. 기본적으로 성경 전체에 대한 치밀하고 상호 본문적인(inter-textual) 읽기를 제공하며, 성경의 다양한 부분들을 하나의 전체로 통합시키고, 하나님의 이야기를 성경 독자들의 이야기와 하나로 만드는 데 이바지한다. 제4유형(Canonical Approach)의 강력한 틀은 역사적이며 동시에 신학적 성격을 갖는 '정경'이라는 범주다. '정경'은 고대 본문의 역사적 의미를 기독교인의 성경이 갖는 현대적 의미와 결합하는 역할을 한다. 정경적 성경 해석은 성경 본문의 다양한 활용과 적용을 숙고할 수 있는 정경의 능력에 초점을 맞추고 있다. 진정한 핵심 주제는 예수 그리스도의 복음이다. 제5유형(Theological Construction)은 신앙고백 교회가 스스로 규정하고 이용하는 신학이라는 범주를 강력한 틀로 삼는다. 이 접근법은 신앙 고백적 교회의 테두리 안에 있다. 핵심은 '신학적 구성'을 가능하게 하고 성경이 교회를 위한 하나님의 말씀으로서 기능하게 할 수 있는 신학적 해석학이 요구된다는 것이다.

통전신학

통전신학은 통전성을 지향하는 위르겐 몰트만(Jurgen Moltmann)의 신학에 영향을 받았다. 몰트만(Moltmann, 1985)은『창조 안에 계신 하나님』을 출간하며 창조 세계와 구원과 우주적 신학의 틀을 제공했다. 이에 따라 교회와 신학의 관심과 책임의 영역이 사회와 세상뿐 아니라 창조 세계 전체를 포괄하는 우주적 차원임을 나타내며 통전적 신학의 체계를 본격화했다(이종성 외, 2004). 통전적 신학은 몰트만이 자신의 성령론을 통전적 성령론이라고 칭한 것에 영향을 받아 성서학자인 이종성이 자신의 신학을 통전적 신학이라고 칭한 것에서 시작되었다.

통전은 '온전(穩全)하다', '완전(完全)하다'와 뜻이 비슷하게 쓰이는 단어다. '온전하다'는 '본바탕 그대로 고스란히 가지고 있다'와 '잘못된 것 없이 바르거나 옳다'라는 뜻이 있다. 본바탕이나 옳은 것이라는 정상적인 기준을 추구한다는 뜻이다. '완전하다'는 필요한 것이 모두 갖추어져서 모자라거나 흠이 없다는 뜻이다. 세상을 완전하게 만드신 하나님에게만 완전이라는 단어를 사용할 수 있다. 그 완전을 추구하며 우리는 온전해져 간다. 완전하신 예수 그리스도를 믿고 따라가는 삶이 우리가 온전해지는 방법이다. 이것이 성경을 통해 깨어진 관계성을 회복하여 온전함을 추구하는 통전적인 삶이다. 온전한 조화는 회복을 이룬다.

통전적 신학은 혼합주의적이며 범종교적이고 범도덕적인 종교 신학을 형성하고자 함이 아니라 하나님의 온전하신 주권 아래서 모든 것이 온전케 되게 하기 위한 통전적 메시지를 추구하는 것이다. 통전적 신학을 자신의 신학적 특징으로 주장한 이종성은 에큐메니컬 운동의 정치적인 편향성과 복음주의의 개인 구원 중심성을 비판한다. 이종성의 통전적 신학은 복음적이고 세상과 역사와 우주 전체에 책임성을 나타내는 신학이다. 이종성은 하나님의 절대성을 강조하며 하나님의 인류 역사에 대한 개입과 통치와 섭리를 주장했다.

통전적 신학의 특징은 첫째, 삼위일체론적 신관을 의미하는 삼위일체 신학이다. 둘째, 통전성을 갖는 완전한 복음 이해다. 복음은 예수 그리스도를 통해 하나님과 새로운 관계를 맺고 하나님을 아버지라 부르는 하나님의 자녀 됨을 내포한다. 또 복음은 하나님 나라를 지향한다. 셋째, 인간을 전인(全人)으로 보는 신학이다. 성서적 인간관인 전인으로서의 인간 이해는 인간을 하나님의 형상으로 보는 것이다. 넷째, 통전적 신학은 하나님이 통치하시는 교회와 세상을 위한 신학이다. 다섯째, 통전적 신학은 인간 중심 신학이 아니다. 인간과 더불어 피조 세계 전체를 살리고자 하시는 하나님의 경륜과 계획이 들어 있다고 믿는 우주적 신학이다. 여섯째, 통전적 신학은 하나님 나라를 위한 신학이다(이종성 외, 2004). 통전적 신학은 새로운 신학이 등장할 때마다 다시 구성하는 신학이 아니다. 하나님의 말씀 앞에서 비판적 성찰을 통해 온전히 말씀에 상응하는 통전을 이루는 것이다.

내러티브 신학

내러티브 신학은 20세기 후반에 등장한 신학의 한 분야로, 성경을 하나의 이야기로 이해하고 해석하는 방법을 강조하는 신학이다. 성경은 창세기부터 요한계시록까지 하나의 큰 이야기로 하나님의 창조와 구원, 그리고 새 창조에 관한 이야기다. 내러티브 신학은 성경이 단순히 역사적 사실을 기록한 문서가 아니라, 이야기의 형식을 통해 하나님의 구원 역사를 전달하는 문서라고 주장한다. 내러티브 신학은 성경의 역사적 · 과학적 의미뿐만 아니라, 성경의 문학적 · 해석학적 의미도 중요하게 다룬다.

내러티브 신학의 대표적인 학자로는 미국의 신학자 해럴드 쿠퍼(Harold Cooper), 스콧 매킴(Scott MacKiem), 리처드 바컴(Richard Bauckham), 폴 리쾨르(Paul Ricœur), 윌리엄 존스(William Jones) 등이 있다. 이들은 성경을 하나의 이야기로 이해하고 해석하는 방법을 통해, 성경의 메시지를 보다 풍성하고 다채롭게 표현하고자 했다. 내러티브 신학은 성경의 이야기 구조와 의미를 강조함으로써 몇 가지 신학적 시각을 제공한다. 성경은 하나님이 우리에게 들려주는 이야기다. 이 이야기 속에서 하나님은 주인공으로 등장하여 우리와 함께하고, 우리를 구원하시는 모습을 보여 준다. 구원은 하나님의 이야기에 참여하는 것이다. 이 이야기 속에서 우리는 하나님의 사랑과 은혜를 경험하고, 새로운 삶을 살게 된다. 신앙은 하나님의 이야기를 다른 사람들에게 전하는 이야기의 전달이다. 이 이야기는 우리에게 소망과 위로를 주고, 세상을 변화시키는 힘을 가지고 있다. 내러티브 신학은 성경을 이해하는 새로운 방법을 제시함으로써, 현대 신학에 큰 영향을 미쳤다. 내러티브 신학은 성경의 현대적 의미를 이해하고, 성경의 다양한 의미와 가치를 발견하여 성경이 우리에게 전하는 메시지를 삶으로 적용할 수 있도록 도와준다.

내러티브 신학은 몇 가지 특징을 가지고 있다(이연길, 2015). 첫째, 내러티브 신학은 성경의 역사적 · 과학적 의미뿐만 아니라, 성경의 문학적 · 해석학적 의미도 중요하게 다루기 때문에, 성경의 통전적 이해를 가능하게 한다. 둘째, 내러티브 신학은 성경의 이야기를 현대인의 삶과 연결해 이해하기 때문에, 성경의 의미를 현대적으로 재해석할 수 있다. 셋째, 내러티브 신학은 성경의 이야기를 통해 하나님을 만나고, 하나님과 함께 살아가는 길을 제시받는다는 점에서 성경의 영감을 강조한다. 독자는 성경의 이야기를 읽고, 그 이야기를 자기 삶과 연결해 이해해야 한다. 성경의 이야기는 해석자의 참여가 필요하다. 성경의 이야기는 우리에게 하나님을 만나고, 하나님과 함께 살아가는 길을 보여 주며, 우리에게 삶의 의미와 방향을 제시해 준다. 이야기는 인간에게 정체성과 의미를 제공하고, 인간을 변화시키는 힘을 가지고 있다고 한다.

내러티브 신학의 성경 해석 방법은 텍스트의 문학적 특성을 고려하여 텍스트의 전체적인 흐름을 파악하고, 텍스트와 독자의 관계를 고려한다. 성경은 문학 작품이기 때문에, 그 문학적 특성을 고려하여 해석해야 한다. 성경은 하나의 이야기다. 각 부분이 전체적인 흐름 속에서 어떻게 의미를 갖는지 파악해야 한다. 성경은 독자들에게 메시지를 전달하기 위해 기록된 것이기 때문에, 독자와의 관계를 고려하여 해석해야 한다. 당시의 독자들에게 어떤 메시지를 전달하고자 했는지 고려해야 한다. 내러티브 신학은 신앙을 주체적으로 형성하는 것이 중요하다고 주장함으로써, 인간이 자신의 신앙을 형성하고, 실천할 수 있는 길을 열어 주었다.

참고문헌

이연길(2015). 『내러티브로 성경읽기』. 쿰란출판사

이종성 외(2004). 『통전적 신학』. 장로회신학대학교출판부,

류호영(2022). 『성경 해석의 관점』. 이레서원.

최은아(2024). 통전성 기반 성경 리터러시 교육프로그램 모형 개발. 가톨릭대학교 대학원 박사학위 논문.

Klink III, W. E. & Lockett, D.(2012). *Understanding biblical theology: a comparison of theory and practice.* Zondervan Academic. 신윤수 옮김 (2015). 『성경신학의 5가지 유형』.

부흥과개혁사.
Hamilton, J.(2013). *What is biblical theology?.* Crossway. 김희정 옮김(2015). 『성경신학이란 무엇인가?』. 부흥과개혁사.
Moltmann, J.(1985). Gott in der Schöpfung. Gütersloher Verlagshaus. 김균진 옮김(2017). 『창조 안에 계신 하나님』 대한기독교서회.
Vos, G.(2003). *Biblical theology : Old and New Testaments.* Wipf and Stock. 원광연 옮김(2017). 『성경신학』. CH북스.

05

성경 리터러시와 해석학

성경 리터러시는 성경 독자의 자아 정체성이 성경 텍스트를 거치며 성경적 정체성으로 나아가도록 돕는다. 성경 본문의 의미를 정확하게 이해하기 위해서는 저자의 의도, 역사적 배경, 문학 양식 등을 고려하여, 성경의 메시지를 오늘날의 독자들에게 올바르게 전달하는 방법을 연구하는 성경 해석학의 도움이 필요하다. 성경 해석학은 성경을 통해 하나님의 뜻을 발견하고 적용하도록 돕는다.

성경 리터러시가 성경 내용 자체에 대한 폭넓은 지식을 포함한다면, 성경 해석학은 그 내용을 올바르게 해석하는 방법을 다룬다. 이 두 가지는 성경을 진정으로 이해하고 삶에 적용하는 데 필요한 핵심 도구가 될 것이다. 따라서 성경을 바르게 이해하고자 한다면, 성경 리터러시를 통해 성경 전체의 지식을 쌓고, 성경 해석학적 원리를 적용하여 각 본문의 의미를 깊이 탐구해야 한다. 이 두 가지를 균형 있게 추구할 때, 우리는 성경을 살아 있는 하나님의 말씀으로 경험하며 신앙을 더욱 견고하게 세워 나갈 수 있을 것이다.

리쾨르의 삼중 미메시스

폴 리쾨르(Paul Ricoeur)는 저서 『시간과 이야기』에서 텍스트의 의미를 3단계로 나누어 삼중의 미메시스라는 개념으로 설명한다(Ricoeur, 1991/1999). 리쾨르에 따르면, 텍스트의 재현은 현실의 재현이지만, 현실을 단순히 모방하는 것이 아니라 현실을 해석하고 재구성하는 과정이다.

리쾨르의 삼중의 미메시스는 미메시스 I, II, III를 통해 자아 정체성이 어떻게 형성되어 가는지 그리고 그것이 어떻게 내러티브 행위를 통해 순환되는지를 설명하는 이론이다(윤민아, 2018:35). 리쾨르의 삼중 미메시스 이론은 전형상화(pre-figuration), 형상화(con-figuration), 재형상화(re-figuration) 과정을 거치며 변화된 현실 세계로 나가게 한다. 이것은 삶-텍스트-변화된 삶으로 이어지는 해석학적 순환이다(이원일, 2008:41).

첫 번째, 미메시스 I은 전형상화(pre-figuration) 단계로 텍스트의 재현 대상인 실제 세계를 의미한다. 미메시스 I은 현실의 경험과 이해의 단계다. 텍스트는 현실을 그대로 재현하는 것이 아니라, 작가가 선택하고 해석한 현실을 재현한다고 주장한다. 작가는 현실을 경험하고, 그 경험을 통해 현실을 이해한다. 이 단계에서 작가는 현실의 사건, 인물, 상황 등을 자신의 기억과 언어로 재구성한다. 따라서 미메시스 I은 작가의 기억, 경험, 상상력 등이 반영된 현실이다. 우리의 삶은 이야기로 엮어지기 이전에 이미 일정한 행동 양식에 따른 질서를 지니고 있다. 텍스트화되기 전 단계의 삶을 통하여 일정한 행동 양식을 익히게 된다. 미메시스 I은 행동의 의미를 체험된 시간의 층위에서 밝혀보는 것이다. 리쾨르는 미메시스 I에 머물러 있는 삶과 행위는 두 번째 미메시스를 통해서 이야기되기를 기다린다고 했다(윤민아, 2018:32).

두 번째, 미메시스 II는 형상화(con-figuration) 단계로 텍스트의 구성과 줄거리를 의미한다. 이는 행동 양식에 따라 이야기를 읽거나 새로운 이야기를 만들어 내는 것이다. 미메시스 II는 텍스트의 창작과 구성의 단계다. 텍스트는 현실을 단순히 재현하는 것이 아니라, 작가의 의도를 담아 재구성한다. 작가는 미메시스 I에서 재구성한 현실을 바탕으로 텍스트를 창작한다. 이 단계에서 작가는 텍스트의 형식과 내용을 결정하고, 텍스트를 통해 현실을 재현한다. 따라서 미메시스 II는 작가의 주관적인 해석과 창의성이 반영된 현실이다. 이 과정은 상상과 의미를 그 안에 풍부하게 담고 있는 '텍스트, 이야기의 매개'와 그것을 올바르게 이해하고 해석하는 '타자의 영향'을 받을 때만 비로소 이루어진다(윤민아, 2018:33).

세 번째, 미메시스 III는 재형상화(re-figuration) 단계다. 텍스트의 독자적 세계를 의미한다. 미메시스 III는 독자의 이해와 해석의 단계다. 독자는 텍스트를 읽고 이해함으로써 현실을 재현한다. 이 단계에서 독자는 텍스트의 의미를 해석하고, 텍스트를 통해 현실을 이해한다. 따라서 미메시스 III는 독자의 주관적인 경험과 해석이 반영된 현실이다. 이야기를 읽은 후 그 영향으로 새로운 지평이 열리고 발전된 행동 양식과 서사적 정체성을 가지는 것이다. 리쾨르는 미메시스를 서사 행위 즉, 내러티브 구성을 통한 정체성 형성 과정을 설명하는 하나의 이론으로 체계화했다(윤민아, 2018 : 31). 삼중의 해석학적 순환을 통해서 공동체의 자기 정체, 즉 서사적 정체성이 확립되어 간다. 리쾨르는 이런 자기 정체의 확립을 세 가지 역사성, 시간성과 연결한다. "세 개의 역사성이 이어져 있다. 바탕을 이루는 사건들의 역사, 곧 '숨겨진 시간'이 있고 난 뒤, 그 이야기를 기록하는 기자들의 해석 역사가 '전통'을 이루고, 끝으로 그것을 이해하는 역사, 곧 '해석학의 역사'가 있다"(이종주, 2023:155~156).

리쾨르는 텍스트 이해뿐만 아니라 일상생활에서 다른 사람에 대한 이해도 일방적이고, 직관적인 이해가 아니라 항상 재구성하는 이해를 해야 한다고 말한다. 이해는 단순한 감정이입 이상이라는 것이다. 이때 이해는 이미 완성되고 재생산되는 실재가 아닌 구성적인 실재로서의 이해를 말한다. 이는 주관성과 객관성이라고 하는 이분법을 극복하고자 함을 말한다(이원일, 2008:40). 독자가 단순히 텍스트를 수용하는 것을 넘어, 스스로 텍스트를 재구성하여 행동 변화를 일으키도록 하는 것이다.

리쾨르의 성경 해석학

리쾨르는 성경 해석학을 통해 텍스트의 구성과 텍스트의 해석을 구분하는 데 이바지했다. 리쾨르는 성경을 단순히 정보나 교훈을 전달하는 텍스트가 아니라, 다양한 문학적 기법을 사용하여 의미를 전달하는 텍스트로 이해했다. 그에 따르면, 성경은 텍스트의 저자가 의도한 의미를 담고 있는 구조체다. 따라서 성경의 의미를 이해하기 위해서는 성경의 문학적 구성을 이해해야 한다. 리쾨르는 성경의 문학적 구성을 분석하여, 성경이 전달하는 다양한 의미를 밝혀내었다. 그러나 성경의 의미는 독자의 해석을 통해 형성된다. 따라서 텍스트의 해석을 통해 성경의 의미를 이해해야 한다. 텍스트의 구성과 해석은 서로를 보완하고, 통합됨으로써 텍스트의 의미를 이해하게 한다.

성경은 우리 삶에 적용될 때 선한 영향력을 끼친다. 미메시스 개념을 통해 성경의 의미를 이해함으로써, 성경을 우리 삶에 구체적으로 적용할 수 있는 방법을 찾을 수 있다. 미메시스 I을 통해 성경이 인간의 경험을 어떻게 재현하는지를 이해함으로써, 성경의 메시지를 보다 효과적으로 이해할 수 있다. 미메시스 II를 통해서는 성경이 인간의 상상력을 통해 어떻게 새로운 의미를 창출하는지를 이해함으로써, 성경의 메시지를 더욱 풍요롭게 이해할 수 있다. 미메시스 III를 통해서는 성경이 인간의 삶에 어떻게 적용될 수 있는지를 이해함으로써, 성경을 더욱 효과적으로 실천할 수 있다.

레비나스의 성경 해석학

에마뉘엘 레비나스(Emmanuel Levinas)는 20세기 프랑스의 유대인 철학자로, 윤리학과 종교철학 분야에서 중요한 업적을 남겼다. 레비나스에 따르면, 존재는 본질적으로 분절적이고 대립적이다. 인간은 자신을 중심으로 세상을 파악하려는 경향이 있으며, 타자를 자신과 동일시하거나, 타자를 자신의 도구로 삼으려는 경향이 있다. 이에 레비나스는 타자에 대한 윤리적 책임을 주장했다. 타자는 내 존재의 근거가 되는 존재로서, 타자에 대한 책임을 통해 나는 나 자신을 초월하여, 전체로서의 존재를 파악할 수 있다. 레비나스는 타자에 대한 윤리적 책임을 "타자에 대한 윤리적 책임은 타자의 얼굴을 통해 드러난다. 타자의 얼굴은 나를 초월하는 존재로서, 나에게 도덕적 의무를 부과한다"라고 설명한다.

레비나스는 성경 해석학에서 성경의 윤리적 의미를 강조한다. 레비나스는 성경을 타자에 대한 책임감을 강조하는 텍스트로 이해했다. 따라서 성경의 의미를 이해하기 위해서는 타자의 관점에서 성경을 이해해야 한다. 그는 성경의 윤리적 의미를 강조함으로써, 성경을 보다 풍부하고 깊이 있게 이해할 가능성을 열었다(Davis, 1996/2014).

레비나스는 타자의 얼굴을 타자의 타자성(alterity)의

표상이라고 본다. 타자의 얼굴은 나와 다른 존재이지만, 나와 동등한 존엄성을 가진 존재다. 타자의 얼굴을 마주함으로써, 나는 타자의 고유한 존재를 인식하게 되고, 타자에 대한 책임감을 느끼게 된다. 이때, 나는 내 존재를 넘어서 타자의 존재를 고려하게 된다. 타자의 얼굴과 나 자신의 존재는 서로를 보완하고, 통합됨으로써 텍스트의 의미를 이해할 수 있다. 따라서 텍스트의 의미를 이해하기 위해서는 타자의 관점에서 텍스트를 이해해야 한다. 타자의 관점에서의 이해는 텍스트의 의미를 보다 포괄적이고 통합적으로 이해하는 데 이바지한다(황덕형, 2009).

참고문헌

윤민아(2018). 폴 리쾨르의 3중의 미메시스론에 근거한 유아의 내러티브 정체성 형성 연구. 한국교원대학교 대학원 박사학위 논문.

이원일(2008). 『해석학과 기독교교육현장』. 한국장로교출판사.

이종주(2023). 폴 리쾨르의 '서사적 정체성'의 철학적 줄기들과 그 고유성. 《인문학연구》, 57, 139-199.

최은아(2024). 통전성 기반 성경 리터러시 교육프로그램 모형 개발. 가톨릭대학교 대학원 박사학위 논문.

황덕형(2009). 하나님의 타자성-웨슬리, 바르트와 레비나스의 타자성 연구. 《성결교회와 신학》, 22, 267-271.

Davis. C.(1996). *Levinas: An Introduction.* Polity Press. 주완식

옮김(2014). 『처음 읽는 레비나스』. 동녘.
Levinas, E.(2014). *Temps et l'autre*. PUF; 11판. 강영안 옮김(1996). 『시간과 타자』. 문예출판사.
Ricoeur, P.(1991). *Temps et recit*. Éditions du Seuil. 김한식·이경래 옮김(1999). 『시간과 이야기 1』. 문학과지성사.

06

개신교 전통의 성경 읽기: 큐티

큐티는 매일 짧은 시간을 내어 성경 말씀을 읽고 묵상하며 하나님과 교제하는 시간이다. 말씀을 통해 하나님이 어떤 분이신지, 우리에게 어떤 말씀을 주시는지 묵상하며 개인적으로 적용한다. 큐티는 영적인 건강을 유지하는 데 필요한 매일의 양식과 같으며, 하나님과 더욱 친밀한 관계를 맺도록 이끌어 준다. 큐티를 통해 하나님을 더욱 깊이 알아 가고, 삶의 문제에 대한 해답을 찾으며, 그 사랑 안에서 성장하는 기쁨을 누릴 수 있다.

큐티

큐티(Q.T)는 '조용한 시간(Quiet Time)'의 약어로서, 영국 케임브리지 대학교에서 데이비드 후퍼(David Hooper)와 리처드 토튼(Richard Totton)과 몇몇 학생들이 세속화된 사회에서 거룩한 삶을 살기 위해 시작했던 경건 훈련이었다. 대학생들이 매일 성경 말씀을 묵상하고 하나님과 교제하는 시간을 갖도록 돕기 위해 '경건의 시간(Q.T)'이라고 불렀다(이기훈, 2017:62). 이후 20세기 중반, 특히 1940년대 이후 미국 복음주의 운동을 통해 널리 확산되었다. 당시 복음주의 운동에서는 큐티를 통해 하나님과 인격적인 관계를 맺고 신앙적으로 성장하는 것을 중요하게 생각했고, 하나님의 말씀을 깊이 묵상하고 삶에 적용하도록 돕고자 했다.

큐티는 사도들의 가르침대로 말씀에 순종하며 살았던 초대교회의 영성을 이은 것이다. 또 기독교의 고유한 신앙인 구원과 생명을 얻게 하는 복음을 드러내며 세상에 더 선한 영향력을 끼치게 하는 영성 중의 하나다(이기훈, 2017:63). 큐티하는 동안 말씀하시는 하나님의 뜻과 계획을 발견하고 실천하며 삶의 변화와 성숙 즉, 성화를 이루어 가는 것이다(이상규, 2007). 특히, 말씀 묵상은 말씀과 기도를 통해 하나님과 친밀한 교제를 나누는 것을 말한다. 성령의 도우심으로 모든 생각을 그리스도에게 복종케 하는 것을 일컫는다(오창섭, 2020:34). 진 플레밍(Jean Flemming)은 큐티를 하나님과 교제하는 시간으로 정의하고 하루 중 하나님을 위해 떼어 놓는 개인 예배 시간으로 설명한다(Flemming, 2002). 매일, 하나님과 일정 시간 독대하는 시간으로 말씀을 묵상하며 레마(Rhema)를 발견하고 적용하는 실천적 경건 훈련이다. 이는 총체적인 성화의 과정이다(이하원, 2022:26). 여기서 레마(Rhema)는 로고스가 묵상으로 우리 안에서 한 인격체가 되어 우리 삶을 변화시키는 열매를 맺었을 때의 말씀을 가리킨다(전삼용, 2022:54). 로고스가 레마가 되게 하는 방법은 끝까지 그 말씀을 붙들고 버티는 것이다(전삼용, 2022:56).

강영안은 모 교회의 큐티 철학을 들어 "묵상과 기도는 어떤 방법이나 규칙을 적용해서 성경을 재단하려 하거나 일방적으로 읽지 않고, 하나님의 말씀인 성경 앞에 자신을 내어놓고 가까이 다가감이 중요하다. 읽는 이의 말씀에 대한 열심히 필요하다(강영안, 2020:152)"라고 설명했다. 하나님과 꾸준한 만남은 내면세계의 치유와 회복, 일상에서의 인도, 영적 재무장에 도움을 얻을 수 있다.

큐티하는 법

큐티는 전통적으로 조용한 시간과 장소를 정해서 매일 성경 읽기, 말씀 묵상, 적용 및 실천을 하는 과정으로 진행되었다. 큐티는 정형화된 단계가 따로 없기에 큐티를 강조하는 한 개신교 교회의 사례를 들어 단계별로 보고자 한다.

첫째 단계는 기도하기다. 루터는 성경을 읽을 때 기도를 가장 먼저 해야 한다고 했다. 렉시오 디비나(Lectio Divina)에서도 읽기 전 기도를 먼저 한다. 렉시오 디비나는 수도원 전통의 성경 읽기 방법이다. 성경은 하나님의 영으로 쓰인 책이기에 하나님이 우리의 이성과 지성, 감정과 의지를 움직여 주셔야 알아듣고 깨달을 수 있기 때문이다. 둘째 단계는 본문 읽기다. 본문은 세 번 읽는다. 본문을 소리 내어 읽고, 눈으로 읽고, 마음으로 읽으며 하나님이 어떤 분인지 찾아보는 것이다. 소리 내어 읽기는 이스라엘 전통에서부터 내려온 오래된 읽기 방법이다. 소리 내어 읽으며 듣고, 들은 것을 다시 몸과 마음에 담는 것이다. 눈으로 읽기는 묵독을 말한다. 세 번에 걸쳐 몸과 마음으로 읽기가 확장되는 것이다. 이렇게 읽다 보면 단어와 본문에 집중하게 되고 자신을 돌아보게 되면서 자연스레 적용 과정으로 들어가는 것이다. 셋째 단계의 적용은 질문과 함께 이루어지는데 질문은 우리를 생각하게 만들고 행동하게 만들기 때문이다. 적용이라는 개념은 독일 경건주의 전통에서 이어진 것이다. 강영안(2020)은 큐티를 하는 이유가 하나님이 원하시는 삶을 살기 위함이라고 말한다. 나를 내어놓는 시간은 큐티의 과정 중 적용 및 실천하는 시간이다. "말씀이 우리를 읽게 될 때 우리는 말씀 앞에 벌거벗은 몸으로 드러날 수밖에 없고, 우리가 죄인임을 알게 되고, 말씀 앞에서 회개하지 않을 수 없게 된다(강영안, 2020)"라고 말한다.

현재 시중에 나와 있는 큐티 책들도 대부분 이 과정을 따르고 있다. 성서유니온 선교회에서 매월 발간하는 《매일 성경》에서도 활용 방법으로 기도하기, 성경 읽기, 묵상하기, 적용하기의 단계를 안내하고 있다. 두란노에서 발간한 《온누리 큐티》에서는 찬양과 기록을 넣어 찬양, 기도, 읽기, 묵상, 기록, 적용, 기도 순서로 안내하고 있다. 큐티할 때 찬양을 먼저 하는 이유는 하나님의 성품을 높이고, 베풀어 주신 은혜에 감사하기 위한 것이다. 선곡할 때는 주어가 나보다 하나님인 것을 선택하라고 안내하고 있다. 또 기록은 하나님과 만난 흔적으로 묵상하면서 질문하고 답한 내용, 떠오른 감동, 깨닫게 된 내용을 기록하라고 되어 있다(두란노, 2023:24~32). 국제 제자문화원에서 발간하는 《크리스천 리뉴얼 큐티 노트》는 관찰과 깨달음, 오늘의 한 문장, 적용과 도전으로 되어 있다. 오늘의 한 문장은 큐티 후 묵상할 한 문장을 만들어 기록하는 것이다(국제제자훈련원, 2023:4). QTM에서 매월 발간하는 《QTin》에는 질문하기, 묵상하기, 적용하기, 기도하기의 단계를 안내하고 있다.

오창섭(2021)은 "큐티의 묵상 과정에서 비움, 채움, 나눔이라는 내적 단계를 거치면 영성이 자라나게 된다"라고 언급했다. 비움은 회개 기도와 성령 간구로 자기 생각과 의지를 내려놓는 것이다. 세상 가치를 내려놓고 자기성찰을 하는 단계다. 채움은 말씀에 귀를 기울여 말씀으로 자신을 채우는 것이다. 예수님의 생각과 성품을 채워 넣으므로 하나님 사랑하는 법을 배워 가는 것이다. 나눔은 말씀을 삶에 적용하여 말씀대로 사는 삶을 말한다. 구체적인 적용 점을 발견하여 실천하는 삶을 살아야 한다.

큐티는 개인 경건 생활에 큰 유익을 주는 도구이지만, 그 잠재적인 주의점들을 인지하고 보완하려는 노력이 필요하다. 큐티는 하나님과의 개인적인 교제를 위한 귀한 시간으로, 의무감으로 하기보다는 자발적인 사랑의 마음으로 임해야 한다. 매일 꾸준히 하는 것이 중요하며, 한 번에 몰아서 하거나 지식 습득에만 치중하기보다 충분한 묵상의 단계를 거쳐 삶에 적용하고 변화를 이루는 데 집중해야 해야 한다(김석환, 2017:38). 말씀을 묵상할 때는 자의적인 해석이나 자기 합리화를 피하고, 성령의 인도하심을 구하며 정직하게 받아들여야 한다. 또 적용은 구체적이고 실천할 수 있어야 하며, 나의 문제에만 매몰되지 않고 말씀 속에서 하나님이 어떤 분이신지에 집중하는 것이 중요하다. 큐티는 지속적인 영적 훈련이므로, 잠시 쉬더라도 죄책감에 묶이기보다 다시 시작하는 마음으로 꾸준히 실천할 때 영적 성장을 경험할 수 있을 것이다.

큐티와 리터러시의 관계

큐티는 성경 말씀을 묵상하고 개인적으로 적용하는 경건 훈련이다. 리터러시는 문자를 읽고 쓸 수 있는 능력뿐 아니라 정보를 이해하고 활용하는 능력까지 포괄하는 개념이다. 큐티는 성경이라는 텍스트를 읽고 해석하여 적용하기에 리터러시 능력과 밀접한 관련이 있다.

먼저 큐티를 통해 성경 말씀을 읽을 때, 문맥 속에서 단어와 구절의 의미를 파악해야 한다. 또 성경이라는 고전 텍스트를 접하고 그 시대의 문화와 역사를 이해하며 정보를 해독하고 해석해야 한다. 의미를 파악하고 해석하는 능력은 리터러시의 핵심 능력이다. 큐티 가이드나 주석서를 참고하면서 다양한 해석을 비교하고 자신의 상황에 맞는 적용을 찾는 과정에는 비판적 사고 능력이 필요하다. 여기서 다양한 해석이라는 것은 본문이 말하는 내용을 뜻하는 것이 아니다. 본문이 말하려는 내용은 고정되어 있으나 그것을 읽고 적용하는 영역이 다양하다는 것이다(이기훈, 2017:71). 이는 높은 수준의 리터러시 능력과 연결된다.

묵상은 성경을 읽고 읊조리며 본문으로 깊이 들어가는 사고의 과정일 뿐 아니라 이 모든 과정을 진행 후 본문의 의미를 가슴에 되새김하는 시간이다(김경섭, 2016:75). 그러하기에 묵상 과정에서 성경 말씀을 자기 경험과 연결하고 의미를 부여한다. 이는 자신을 돌아보고 성찰하는 기회를 제공한다. 성경 말씀을 통해 자신을 비추어 보고 변화를 추구하는 과정은 자기성찰 능력(이기훈, 2017:75)을 향상하게 하며, 이는 리터러시의 중요한 목표 중 하나다.

최근에는 큐티를 통해 얻은 영감과 깨달음을 타인이나 공동체와 나누고 교제하거나 글, 그림 등 다양한 방식으로 표현하는 과정을 포함하기도 한다. 이것으로 인해 소통 능력과 창의적 표현 능력이 향상된다. 큐티는 꾸준히 성경 말씀을 묵상하고 삶에 적용하는 훈련이다. 이는 리터러시 능력을 지속적으로 향상하게 하는 원동력이 된다.

참고문헌

강영안(2020). 『읽는다는 것』. IVP.

국제제자훈련원 편집부(2023). 『크리스천 리뉴얼 큐티노트』. 국제제자훈련원(DMI.디엠출판유통)

김경섭(2016). 『프리셉트 큐티학교』. 묵상하는사람들.

김석환(2017). 성서정과를 활용한 사순절 말씀묵상(렉티오 디비나)을 위한 교재 개발 연구. 장로회신학대학교 목회전문대학원 박사논문.

오창섭(2020). 위기상황하에서 큐티를 통한 영성관리. 《행복한부자연구》, 9(2), 31-53.

오창섭(2021). 긍극적 행복 발견수단으로서의 큐티(QT)의 실태분석과 활성화방안에 대한 연구 - 큐티 인식도 조사를 중심으로 -. 《행복한부자연구》, 10(2), 27-48.

이기훈(2017). 『큐티와 신앙』. 두란노.

이상규(2005). 『QT 이렇게 하라』. 두란노 서원.

이하원(2022). 큐티를 통한 초등학교 고학년 아동의 성장경험 사례연구:학업효능감과 대인관계를 중심으로. 《교회교육·복지실천 연구》, 4(1), 24-43.

전삼용(2022). 주일복음 강론가이드 감동으로 전하는 강론길잡이. 《사목정보》, 15(1), 53-86.

최은아(2024). 통전성 기반 성경 리터러시 교육프로그램 모형 개발. 가톨릭대학교 대학원 박사학위 논문.

월간 큐티집

QTM 《QTin》

성서유니온 선교회 《매일 성경》

두란노 《온누리 큐티》

Flemming, J.(2002). 『QUIET TIME 으로의 초대』. 네비게이토 .

07

수도원 전통의 성경 읽기: 렉시오 디비나

렉시오 디비나는 하나님과의 관계적 성경 읽기 방법이다. 성경 말씀을 통해 하나님과 더 깊은 관계를 맺는 영적인 독서 방법이다. 단순히 문자를 읽는 것을 넘어, 말씀을 묵상하고, 기도하며, 그 안에 담긴 하나님의 메시지를 개인적으로 체험하는 과정이다. 렉시오 디비나를 실천하는 독자는 하나님과의 친밀한 관계 속에서 말씀을 묵상하고 기도함으로써, 영적인 성장과 함께 평안과 위로를 얻고 궁극적으로 삶의 변화를 경험하게 된다.

거룩한 독서(렉시오 디비나)

렉시오 디비나(Lectio Divina)는 라틴어로 '거룩한 독서'라는 뜻이다. 거룩한 독서는 기독교의 교부 오리겐(Origen, 185~254)이 하나님과 이웃을 진정으로 만나는 방식이라고 소개하면서 시작되었다(Lefebvre, 2000, 이만금, 2007: 40 재인용). 기도와 묵상과 실천을 위한 독서법으로 주로 가톨릭교회, 특히 수도원 전통에서 발전하고 계승되어 온 성경 읽기 방법이다. 수도원 공동체는 수도사들이 고독과 침묵을 지키며, 선포된 말씀을 경청하고, 개인 묵상과 성경 읽기를 생활화하기에, 매우 적합한 장소였다(김석환, 2017:62). 그러니 20세기 중반 제2차 바티칸 공의회를 거치면서 평신도들에게도 널리 알려지고 실천되기 시작했다(이진아, 2002).

렉시오 디비나는 각자의 개인적인 상황과 필요에 따라 말씀을 체험하는 개인적이고 친밀한 경험이다(James Wilhoit & Evan Howard, 2016). 성경을 읽을 때 주님과의 일치와 삶의 변화에 목표를 두고 성령의 은총을 따라 말씀을 묵상하고 기도하는 것이다. 렉시오 디비나는 천천히, 조용히, 깊게 이루어진다. 렉시오 디비나 과정에서 성령, 텍스트, 독자가 만나는 것이다. 또한 그리스도를 바라보고 닮아가도록 이끌기도 한다. 이는 한 번의 경험으로 끝나는 것이 아니라, 꾸준히 반복하며 더 깊은 차원으로 나아가는 과정이다. 성경은 말한다. "보혜사 곧 아버지께서 내 이름으로 보내실 성령 그가 너희에게 모든 것을 가르치고 내가 너희에게 말한 모든 것을 생각나게 하리라(요14:26)." 이처럼 성령의 도우심으로 말씀을 더 깊이 이해하고, 하나님과의 관계를 더욱 풍요롭게 할 수 있다. 마음으로 느끼고, 질문하고, 응답하며, 말씀과의 대화를 이어가는 활동적인 묵상은 우리의 삶을 변화시키는 초대다. 토니 존스(Tony Jones)는 "일상적인 성경 공부는 하나님에 관해서 더 많이 알기 위한 것이지만, 우리가 실천하려고 하는 성경 읽기는 하나님께 더 많이 듣기 위함이다"라고 했다. 이는 우리가 성경을 해석하는 것이 아니라 성경이 우리를 해석하게 하는 하나님의 음성을 듣는 성경 읽기다(Jones, 2006).

윌호이트(James Wilhoit)와 하워드(Evan Howard)는 성경이 하나님에게서 난 것이기 때문에 독특한 권위와 능력을 지니고 있고, 하나님은 성경을 통해 일하신다고 말한다. 우리가 마음을 열고 성경을 읽게 되면 성령의 영향을 받게 된다. 이 과정에서 우리는 생각이 새로워지고 마음의 변화를 경험하게 된다. 성경을 통해 우리는 하나님의 뜻을 알고, 그 뜻대로 살아가도록 이끌리게 되는 것이다.

렉시오 디비나의 4단계

12세기 카르투시오회의 수도사 귀고 2세(Guigo II)는 『수도승의 사다리(The Ladder of Monks)』라는 저서에서 렉시오 디비나의 네 가지 단계인 독서(Lectio), 묵상(Meditatio), 기도(Oratio), 관상(Contemplatio)을 명확하게 제시하고 체계화했다. 이 4단계는 오늘날 렉시오 디비나의 표준적인 형태로 받아들여지고 있다.

1단계는 읽기(Lectio)다. 묵상하고 싶은 성경 구절을 선택하고, 성경의 본문을 천천히, 주의 깊게 읽으며 각 단어와 문장에 집중한다. 성경의 내용을 이해하기 위해 읽으면서 궁금한 점, 감동한 부분, 마음에 와닿는 문구 등을 메모해 둔다. 이러한 노력과 동시에, 성경이 자신에게 어떤 의미를 전달하는지 생각하는 것이다.

2단계는 묵상(Meditatio)이다. 성경의 본문을 여러 번 반복하여 읽으며, 각 단어의 의미를 깊이 묵상하고, 본문의 의미를 깊이 생각한다. 읽은 말씀이 나의 삶과 어떤 관련이 있는지, 어떤 교훈을 주는지 성경의 본문을 자기 삶과 연결한다. 성경이 자신에게 어떤 도전이나 가르침을 주는지 하나님께 질문을 던지고, 응답을 기다리는 시간을 갖는다.

3단계는 기도(Oratio)다. 이 단계에서는 읽은 본문에서 느낀 감정과 생각에 대해 하나님께 기도한다. 성경의 본문을 통해 하나님을 만나고, 하나님과 대화하는 것이다. 감사, 회개, 간구 등 다양한 형태의 기도를 할 수 있다. 기도를 통해 하나님과 친밀한 관계로 나아가게 되고 삶의 방식이 되어 삶의 변화를 불러오게 된다.

4단계는 관상(Contemplatio)이다. 읽은 본문에서 말씀을 깨닫고, 그 말씀에 따라 살아가기로 결단하는 것이다. 성경의 본문을 통해 하나님을 직접 경험하며, 하나님의 사랑과 평강을 느끼는 것이다. 이는 우리가 능동적으로 행하는 활동이 아니라 수동적으로 은혜를 받는 것이다.

렉시오 디비나를 실천하는 방법은 먼저 조용한 곳에서 편안하게 앉아 성경을 펼치고, 읽기 전에 잠시 기도하는 것이다. 그 후 천천히 소리 내어 성경을 읽는다. 읽은 부분을 마음으로 되새기고, 그 의미를 깊이 생각하며 본문에서 느낀 감정과 생각에 대해 하나님께 기도한다. 본문에서 하나님의 말씀을 깨닫고, 그 말씀에 따라 살아가기로 결단한다. 허성준(2003)은 렉시오 디비나가 처음에는 쉽지 않지만, 꾸준히 실천하다 보면, 성경을 이해하고 그 의미를 삶으로 적용하는 능력이 향상될 것이라고 했다.

긍정적인 효과가 큰 렉시오 디비나도 주의점을 살펴보는 것이 중요하다. 실천할 때 영적 훈련이 본래의 목적을 벗어나거나, 오용될 때 오히려 영적인 혼란이나 성장의 방해가 될 수 있기 때문이다.

첫째, 성급하게 다음 단계로 넘어가지 않아야 한다. 각 단계에 충분히 머물면서 말씀을 내면화하는 과정이 필요하다. 이해가 되지 않거나 깨달음이 없다고 해서 조급하게 다음 단계로 넘어가려 하지 말고, 각 단계에 충분한 시간을 할애하는 것이 중요하다. 둘째, 렉시오 디비나는 성경 본문을 학문적으로 분석하여 지식을 얻는 것이 주된 목적이 아니기에 지식 습득에만 머무르지 않아야 한다. 이보다는 말씀을 통해 하나님과의 관계를 깊이 하고, 성령의 인도하심에 따라 내면의 변화를 경험하는 데 중점을 둔다. 본문의 역사적 · 문화적 배경을 아는 것도 도움이 되지만, 그것에만 집중하여 영적인 의미를 놓치지 않도록 주의해야 한다.

셋째, 말씀을 자기 생각이나 욕망에 맞춰 자의적으로 해석하거나, 특정 구절을 통해 개인적인 상황만을 합리화하려 해서는 안 된다. 말씀의 본래 의미를 찾고, 성령의 조명 아래 하나님의 뜻을 구하며 겸손하게 받아들이는 자세가 필요하다. 넷째, 렉시오 디비나는 영적인 체험을 추구하는 과정이지만, 특별한 감정이나 환상을 억지로 만들어내려 하거나 기대해서는 안 된다. 하나님과의 만남은 때로는 평범하고 조용하게 일어날 수 있으며, 성령의 역사는 우리가 기대하는 방식과 다를 수 있음을 인정해야 한다. 중요한 것은 꾸준함과 열린 마음이다. 다섯째, 정해진 시간과 장소에서 규칙적으로 실천하되 관상 단계에서 머물러 감정적인 평안만 얻는 것에 그쳐서는 안 된다. 묵상과 기도를 통해 얻은 영적인 깨달음과 통찰력이 일상 속에서 구체적인 실천과 변화로 이어질 수 있도록 깊이 고민하고 적용해야 한다.

렉시오 디비나와 리터러시의 관계

렉시오 디비나가 종교적인 영역에서 성경을 중심으로 이루어진다면, 리터러시는 더욱 광범위한 텍스트를 대상으로 세상과의 소통을 강조한다는 점에서 차이가 있다. 하지만 두 가지 모두 텍스트를 통해 자신을 성찰하고 세상을 이해하는 데 도움을 주는 귀중한 도구다. 렉시오 디비나와 리터러시는 텍스트를 통한 소통이라는 면에서 관련성을 지니고 있다고 볼 수 있다. 텍스트를 깊이 있게 읽고 해석하며, 그 안에서 의미를 찾는다는 것이다.

리터러시는 글을 읽고 쓰는 능력을 넘어, 텍스트를 이해하고 해석하고, 그것을 실천하며 세상과 소통하는 능력을 의미한다. 렉시오 디비나는 성경을 중심으로, 말씀을 묵상하고 기도하며 개인적으로 하나님과 소통하는 영적인 독서 방법이다. 이 두 개념은 글을 읽고 문맥 속에서 단어의 의미를 곱씹고, 문장 간의 관계를 파악하며, 전체적인 의미를 추론하는 능력을 길러 줄 수 있다. 또 이 과정에서 텍스트의 다양한 해석 가능성을 열어 두는 태도와 자기 생각을 실천하는 능력을 배우게 된다. 렉시오 디비나와 리터러시는 과정 안에서 자기성찰 능력과 소통 능력을 향상할 수 있게 된다. 텍스트를 통해 자기 내면을 들여다보고, 자기 자신을 이해하는 데 도움을 받을 수 있다.

렉시오 디비나와 리터러시는 상호보완적인 관계라고도 할 수 있다. 렉시오 디비나는 리터러시 능력을 향상하게 하고, 리터러시는 렉시오 디비나를 더욱 풍요롭게 만들어 줄 것이다. 따라서 우리는 성경을 읽고 삶의 모든 영역에서 텍스트를 깊이 있게 이해하고, 그 안에서 의미를 찾아내는 능력을 키울 수 있게 될 것이다. 깊이 있는 읽기를 통해 개인의 성장을 추구할 수 있다.

참고문헌

김석환(2017). 성서정과를 활용한 사순절 말씀묵상(렉티오 디비나)을 위한 교재 개발 연구. 장로회신학대학교 목회전문대학원 박사논문.
이만금(2007). 성서기호학과 거룩한 독서를 접목한 통전적 성서교육. 《기독교교육총론》, 15, 25-59.
이진아(2002.11.24). '렉시오 디비나'(Lectio Divina)란?. 카톨릭신문. https://www.catholictimes.org/article/200211240026732
최은아(2024). 통전성 기반 성경 리터러시 교육프로그램 모형 개발. 가톨릭대학교 대학원 박사학위 논문.
허성준(2005). 『수도 전통에 따른 렉시오 디비나』. 분도출판사.
Wilhoit. J. & Howard, E.(2012). *Discovering Lectio Divina.* ReadHowYouWant.
Jones, T.(2006). *Divine Intervention.* Think. 김일우 옮김(2006). 『하나님을 읽는 연습』. 예수전도단.

08

유대 전통의 성경 읽기: 하브루타

하브루타는 유대교 전통에서 토라와 탈무드를 학습하던 방법으로, 현대사회에서도 그 중요성이 강조되고 있다. 하브루타는 유대인들이 진리를 탐구하며 삶의 지혜를 배우고 함께 성장하는 데 중요한 가치를 지닌다. 하브루타를 통해 우리는 지식을 능동적으로 습득하고 비판적 사고력을 키우며, 공동체 의식을 함양할 수 있다. 또 창의적 사고력, 비판적 사고력, 협력 능력 등 21세기 핵심 역량을 키우는 데 도움이 될 것이다.

하브루타

하브루타(Havruta)는 아람어 '하베르(חבר)'에서 유래된 단어로, '유대감', '우정', '친구'를 뜻한다(Margolin, 2014: 183). 이는 은혜라는 뜻으로 서로에게 은혜를 끼친다는 뜻이다. 하브루타는 유대교의 전통적인 공부 방법으로, 유대인의 종교 교육기관인 예시바에서 짝을 이뤄서 서로 질문하고 토론하면서 성경과 토라를 공부하던 방법이다(황병준 · 김지숙, 2018:213).

하브루타를 한국에 보급한 전성수(2012)는 "하나님을 사랑하는 최고의 방법이 자녀에게 성경을 가르치는 것이다. 그 가르치는 방법이 강론이고, 그것이 하브루타다"라고 말하며 성경을 강론하는 것으로 하브루타를 정의했다. 박종신(2018)은 "하브루타는 성경을 해석하고 적용하기 위해 준비된 하나님의 학습법"이라 하여 성경의 원리로서의 하브루타를 정의했다. 성경 하브루타를 보급하고 있는 하브루타선교회(2019)에서는 성경 하브루타를 "성경 본문을 두고, 공동체 안에서, 다양한 형태의 짝을 이루어, 질문, 대화, 논쟁하는 실천적 배움 활동"이라고 구체화하여 정의하고 있다. 이에 근거하여 하브루타란 하나님을 사랑하여 성경을 이해하고 해석하고 적용하며 살아가는 것이라 정리할 수 있다(최은아 · 정옥년, 2021).

교육은 보여 주고 말하는 활동을 넘어 서로 상호 학습하는 상호작용적 과정이다(강현석, 2022). 하브루타 또한 관계 안에서 교육이 이루어진다. 하브루타는 본문을 가지고 나와 상대방이 파트너가 되어 상호작용을 하는 과정이라 할 수 있다. 각자의 분리가 아닌 함께 상호작용을 하며 확장해 나가는 과정 안에서 서로의 역량이 확장되고 둘은 본문의 뜻에 다가가게 된다. 이는 서로를 존중하는 대화의 장에서 격려하기 위한 반박과 지지를 통해 창의 인성으로 확장된다(정선영 · 최현정, 2018).

하브루타는 공부하는 사람의 주관적인 이해를 넘어, 다른 사람의 관점을 통해 성경과 토라의 의미를 더 깊이 이해하려는 방법이다. 토론은 상대방을 우리와 같은 공동체의 구성원으로 존중할 때 비로소 의미가 있다(하병학, 2003). 서로의 질문과 토론을 통해 새로운 관점을 얻고, 성경과 토라의 의미를 더 풍성하게 이해할 수 있다. 하브루타는 유대교의 전통적인 공부 방법이지만, 오늘날에는 많은 일반 교육기관에서도 하브루타를 통해 학습 방법을 가르치고 있다. 하브루타는 성경과 토라를 이해하는 데 효과적인 방법일 뿐만 아니라, 공동체 의식과 창의적인 문제 해결력, 팀워크, 의사소통 능력과 비판적 사고력을 키우는 데에도 효과적인 방법이다. 하브루타는 짝을 이뤄서 공부하고, 다른 사람의 관점을 존중하며 서로 질문하고 토론한다. 성경과 토라의 의미를 깊이 이해하는 데 중점을 둔다.

하브루타 수업 모형

하브루타 수업 모형은 학습자들의 능동적인 상호작용을 통해 협력적, 상호 의존적인 대화와 토론이 이루어지게 한다(박영숙, 2017). 전성수(2016)는 하브루타의 수업 단계를 다섯 가지 수업 모형으로 설명하고 있다. 다섯 가지 수업 모형은 질문 중심 하브루타, 논쟁 중심 하브루타, 비교 중심 하브루타, 친구 가르치기 하브루타, 문제 만들기 하브루타다. 이 중 가장 많이 사용되는 모형이 질문 중심 하브루타다. 질문 중심 하브루타는 질문하기-짝 토론-모둠 토론-발표-쉬우르로 진행된다. 텍스트를 꼼꼼히 읽으며 질문을 작성하고 만든 질문으로 짝 토론한다. 다양한 의견을 나눈 질문을 몇 개 선택하여 모둠 토론을 진행한다. 모둠에서 나눈 이야기를 전체 모임에서 발표하고 교수자의 쉬우르로 마무리한다. 쉬우르는 예시바에서 학생들이 짝과 논쟁한 내용을 랍비가 전체를 대상으로 나누며 정리하는 시간이다(전성수 · 고현승, 2016). 사고의 확장을 위해 쉬우르는 화두처럼 던지는 질문 형식이 될 수도 있고, 하브루타 과정 중에 나오지 않은 또 다른 관점을 제시해 주기도 한다.

논쟁 중심 하브루타는 논제 정하기-짝 토론-모둠 토론-발표-쉬우르로 이루어진다. 논쟁할 논제를 정하고 그것을 중심으로 짝 토론하며 입장을 정하고 모둠끼리 토론하며 입장과 근거를 정리한 후 발표하고 교수자의 쉬우르로 마무리한다. 비교 중심 하브루타는 비교 대상 정하기-조사하고 질문 만들기-짝 토론-모둠 토론-발표-쉬우르로 이루어진다. 텍스트에서 비교할 대상을 정하고 그것을 조사하고 질문을 만들고 이 질문을 중심으로 비교 대상에 대해 하브루타 한다. 친구 가르치기 하브루타는 내용 공부하기-친구 가르치기(배우면서 질문하기)-입장 바꿔 가르치기-이해 못 한 내용 질문하기-쉬우르로 진행된다. 함께 배울 텍스트를 정하고 그것을 공부한 후 서로 짝에게 가르치며 배운다. 짝의 설명을 듣다가 질문이 생기면 수시로 질문하며 정리한다. 문제 만들기 하브루타는 문제 만들기-짝과 문제 다듬기-모둠과 문제 다듬기-문제 발표-쉬우르로 이루어진다. 정해진 텍스트를 읽고 문제를 만들어 짝과 토론하며 문제를 다듬는다. 모둠 토론을 거치며 잘 다듬어진 질문을 의도와 함께 발표하고, 쉬우르 한다.

엘리 홀저(Elie Holzer), 오릿 켄트(Orit Kent)는 하브루타의 목적이 우리 자신의 주관적 인식을 넓혀 주는 데 있다고 했다. 공동체 안에서 대화하며 다른 이의 질문을 통해 진리가 더욱 명확해지는 것을 경험하게 된다는 것이다. 이 과정에서 자기 한계를 깨닫고 이해라는 것이 공동체적 노력에 의한 것임을 알게 된다(Holzer & Kent, 2019:252~253).

켄트는 하브루타의 상호관계적인 세 쌍의 핵심 실천들로 진행한다(박진경, 2020). 이는 경청하기(listening)와 재확인하기(articulating)-반문하기(wondering)와 집중하기(focusing)-지지하기(supporting)와 도전하기(challenging) 단계로 이루어져 있다. 경청하기와 재확인하기 단계에서는 텍스트에 경청하고, 짝과 본인의 생각에 경청하며 맞게 이해했는지를 재확인한다. 반문하기와 집중하기 단계에서는 텍스트에 대한 짝의 주장을 경청하고 질문이나 이의를 제기하면서 자기의 생각을 발전시켜 나간다. 지지하기와 도전하기 단계에서는 짝의 의견에 지지와 격려를 하고, 짝의 생각에 있는 모순이나 한계 등을 살핀다.

하브루타는 짝과 질문하고 토론하며 답을 찾아가는 과정이다. 이 효과적인 방법의 핵심은 서로 가르치려 하지 않고 함께 배우며 성장하는 데 있다. 특히 부모와 자녀 간의 하브루타에서는 대등한 관계에서 경청하고 존중하는 자세가 필수적이다. 또 단시간에 정답을 찾기보다 시간을 들여 사고를 확장하는 좋은 질문을 만들고, 상대방의 답을 미리 정하거나 주입하려 하지 않는 인내가 필요하다. 하브루타의 본질은 지식 전달이 아닌 깊이 있는 사고와 대화를 통해 스스로 답을 찾아가는 과정에 있기 때문이다.

성공적인 하브루타를 위해서는 짝과의 평등하고 신뢰받는 관계가 중요하며, 이는 하브루타가 '친구'라는 의미에서 유래한 이유이기도 하다. 상대방의 의견을 끝까지 경청하고 존중하며, 비판보다는 칭찬과 인정을 통해 긍정적인 분위기를 조성해야 한다. 논쟁이 발생하더라도 승패에 연연하기보다, 서로의 주장을 주고받는 과정에서 사고가 확장되고 지식이 정리되는 것에 집중해야 한다. 이러한 주의점을 고려한다면 하브루타는 단순한 학습을 넘어 사고력, 의사소통 능력 그리고 깊은 관계 형성에 이바지하는 진정한 교육 효과를 가져올 수 있을 것이다.

하브루타와 리터러시의 관계

하브루타를 통해 유대인들은 책에서 정답을 찾기보다 텍스트와 관련된 다양한 생각을 주고받는다. 이 과정에서 지식을 넓히고 교육의 확장이 일어나게 된다. 하브루타 하는 사람들은 텍스트를 연구하여 진리에 도달하기 위해 대화한다. 자신이 이해한 텍스트에 대해 짝과 대화하고 질문을 주고받는다(Margolin, 2014:184). 이 과정에서 텍스트와 나와 짝과의 관계가 형성되고 리터러시 능력이 향상된다.

하브루타는 텍스트를 읽고 이해하는 능력인 리터러시를 기반으로 한다. 하브루타를 통해 텍스트를 비판적으로 분석하고 평가하는 능력을 키울 수 있다. 또 새로운 질문을 만들고 다양한 관점에서 텍스트를 해석하고 답을 찾는 과정에서는 리터러시의 핵심 요소인 비판적 사고와 창의적 사고 능력이 향상된다. 텍스트의 의미를 스스로 구성하고 해석하는 하브루타 활동을 통해 리터러시 능력을 심화할 수 있다. 다양한 해석을 비교하고 토론하는 과정은 리터러시의 중요한 측면인 다원적 사고를 길러 준다. 이 모든 과정은 텍스트와의 관계에서 이루어진다.

하브루타를 함께하는 짝과의 관계에서는 다른 사람과 함께 배우고 성장하는 협력 학습 방식으로, 리터러시의 사회적 측면을 강조한다. 엘리 홀저, 오릿 켄트(Holzer & Kent, 2019)는 하브루타 과정에서 인간은 타인의 언어적 매개와 산물, 그리고 상호작용을 통해서만 의미를 발견할 수 있는 존재라고 믿는다. 다른 사람과 생각을 나누고 소통하는 활동을 통해 리터러시의 중요한 측면인 의사소통 능력을 향상할 수 있고 겸허하게 자신을 바라보게 된다.

하브루타를 하는 과정에서는 자신과의 관계도 형성되

는데 하브루타가 텍스트를 통해 자신을 돌아보고 성찰하는 기회를 제공하며, 이는 리터러시의 목표 중 하나인 자기 이해와 연결된다. 하브루타는 배우는 사람이 듣기만 하는 수동적인 자세에서 벗어나, 스스로 질문을 만들고 답을 찾아가도록 돕는다. 이런 과정이 리터러시를 꾸준히 키워 주는 원동력이 될 수 있다. 또 하브루타는 우리가 사회에 더욱 적극적으로 참여하고, 변화를 이끌어 가는 주체적인 시민으로 성장하는 데 큰 도움을 줄 것이다.

참고문헌

강현석(2022). 『내러티브 기반 지식교육의 대전환』. 학지사.

곽은혜(2017). 하브루타 학습법에 기반한 과학수업이 초등학생의 과학수업 동기 및 과학적 태도에 미치는 영향. 부산교육대학교 교육대학원 석사학위 논문.

박종신(2018). 『메타인지와 예수님의 하브루타』. 성경암송학교.

박진경(2020). 기독교 대학 종교교육에서의 하브루타 적용 연구 : 관계적 접근. 《신학과 실천》, 71, 529-552.

전성수(2012). 『자녀교육혁명 하브루타』. 두란노.

전성수·고현승(2016). 『질문이 있는 교실』. 경향비피.

정선영·최현정(2018). 이스라엘 하브루타 원리에 기초한 온라인 토론활동의 상호작용패턴 분석. 《학습자중심교과교육연구》, 18(10), 351-373.

최은아·정옥년(2021). 하브루타 본문학습의 삼각관계 구도를 적용한 성경학교 프로그램 운영 사례연구. 《신학논단》, 105, 125-155.

최은아(2024). 통전성 기반 성경 리터러시 교육프로그램 모형 개발. 가톨릭대학교 대학원 박사학위 논문.

하브루타선교회(2019). 『실전! 교회 하브루타』. 두란노.

박영숙(2017). 질문 중심 하브루타쓰기 수업모형 개발 및 적용 : 설득하는 글쓰기를 중심으로. 서울교육대학교 교육전문대학원 석사학위 논문.

하병학(2003). 도덕교육과 토론. 《철학교육연구》, 19(32), 35-50.

황병준·김지숙(2018). 하브루타(Havruta, חַרְב וּ אַת)를 활용한 한국적 하브루타 가정예배 연구. 《기독교교육논총》, 54, 209-242.

Margolin, H.(2014). 『공부하는 유대인』. 일상이상

Holzer, E. & Kent, O.(2013). *A PHILOSOPHY OF HAVRUTA.* Academic Studies Press. 김진섭 옮김(2019). 『하브루타란 무엇인가』. D6.

09

성경 리터러시 교육 체제

성경 리터러시 교육은 성경 독자들이 교리나 타인의 해석에만 의존하지 않고, 스스로 성경을 읽고 묵상하며 하나님의 말씀을 직접 이해하도록 돕는다. 이러한 교육을 통해 능동적이고 주체적인 신앙생활이 가능해지고, 맹목적인 믿음이 아닌 확고한 신앙의 토대를 쌓을 수 있다. 나아가 개인의 신앙적 성숙은 물론, 교회 공동체가 건강해지고 사회적으로 좋은 영향력을 미치는 데 중요한 힘이 되어 줄 것이다.

성경 리터러시 교육

개신교 전통에서 나온 큐티나 수도원 전통에서 이어 온 렉시오 디비나, 유대 전통에서 유래한 하브루타 등을 통해 성경을 읽는다는 것은 문자 해독을 넘어 말씀의 전달이고 전달받은 말씀을 삶으로 나타내는 것이다. 이는 교육으로 가능해진다.

교육은 '사회생활에 필요한 지식과 기술을 가르치고, 인간의 잠재 능력을 일깨워 훌륭한 자질, 원만한 인격을 갖도록 이끌어 주는 일'로 학습자와 교수자의 관계를 내포하고 있다. 문자가 생성된 이래 리터러시 교육이 보편화되기까지는 오랜 시간이 걸렸다(이순영 외, 2018).

성경 리터러시 교육은 성경 전체의 맥락을 넓게 이해하는 동시에, 특정 부분을 깊이 파고들어 올바르게 이해하도록 돕는 체계라고 할 수 있다. 읽기 교육과 리터러시 교육은 모두 읽기 능력 향상을 염두에 둔다. 읽기에는 시각적 이해, 언어적 이해, 인지적 이해의 세 가지 단계가 있다. 시각적 이해는 문자나 기호를 시각적으로 인식하는 과정이고, 언어적 이해는 문자나 기호의 의미를 이해하는 과정이며, 인지적 이해는 문자나 기호의 의미를 맥락에 맞게 이해하고 해석하는 과정이다. 읽기 교육은 읽기의 세 가지 단계를 모두 고려하여 이루어지며, 읽기의 원리와 방법을 습득하고, 읽기 실력을 향상하는 데 중점을 둔다. 리터러시 교육은 읽기 교육을 넘어서, 텍스트의 의미를 이해하고 비판적으로 사고하는 능력을 기르는 것으로 더 포괄적이다. 즉, 텍스트의 목적과 의도를 파악하고, 텍스트의 내용을 비판적으로 사고하고 평가하는 것이다. 그리고 자기 생각을 표현하고, 세상을 이해하는 능력을 키우는 것이다. 리터러시 교육은 텍스트를 이해하고 비판적으로 평가하여 삶에 적용하는 능력을 키워 준다. 이를 통해 의사소통과 협업 능력이 향상되고, 창의성과 문제 해결 능력이 길러진다. 결국 개인의 삶을 풍요롭게 할 뿐 아니라, 사회 발전에 이바지하는 역량을 갖추게 되는 것이다.

성경 리터러시 교육은 성경 리터러시를 개발하고 그 실력을 향상하기 위한 교육과정을 설계하고 운영하는 활동을 의미한다. 성경 리터러시 교육은 성경의 의미를 이해하고 해석하며, 성경의 가르침을 삶에 적용하는 능력을 기르는 것을 목표로 한다. 이를 통해 성경의 가르침을 삶에 적용하고, 세상을 이해하고 변화시킬 수 있는 역량을 함양할 수 있다. 리터러시 이론에 근거한 성경 리터러시 교육은 성경을 올바르게 이해하고 성경의 메시지를 자기 삶에 적용하며, 다른 사람들과 나누는 데 중점을 둔다. 이러한 교육은 텍스트의 이해와 해석, 비판적 사고, 텍스트의 창의적 활용과 같은 내용을 포함할 수 있다. 텍스트의 이해와 해석은 성경의 언어와 문법, 그리고 역사적 · 문화적 배경을 이해하여 내용을 정확히 해석하는 능력을 기르게 한다. 비판적 사고 함양을 위해서는 성경 해석에 대해 비판적으로 생각하고, 성경의 가르침을 바탕으로 올바른 판단을 내린다. 또 다양한 해석을 이해하고 자신의 신앙과 삶에 적용하는 능력을 키우는 것이 중요하다. 텍스트의 창의적 활용을 위해서는 성경의 내용을 창의적으로 활용하여 자신의 삶을 변화시키고, 다른 사람들에게 성경의 메시지를 전달하는 능력을 기르는 것이 필요하다. 성경 리터러시 교육은 교회 교육, 성경 공부 모임, 성경 캠프 등 다양한 방법으로 이루어질 수 있다.

교수자와 학습자

성경 리터러시 교육은 교수자와 학습자의 협력 속에서 이루어져야 한다. 교수자는 학습자의 흥미와 필요를 파악하여 적절한 교육 방법을 제공하고, 학습자는 교수자의 안내와 피드백을 바탕으로 성경 리터러시 역량을 기른다.

성경 리터러시 교육을 담당하는 교수자는 학습자를 지도하기에 충분한 성경 지식과 신앙적 연륜을 겸비해야 한다. 성경 리터러시를 진행하는 교수자는 성경의 배경지식을 가지고 텍스트를 함께 읽고 이야기를 나눌 수 있어야 한다. 말씀을 나눈 후 함께 실천하며 경험을 이야기하고 기도해 줄 수 있는 성경 교사나 목회자이면 좋다. 교수자는 교육과정 속에서 일종의 영적 매개자 역할을 하곤 한다(Loder, 2018/2020:451). 또 교수자는 촉진자 역할을 한다. 비계 설정과 발문을 통해 학습자들이 성경의 내러티브를 찾아갈 수 있도록 이끌고 학습자 간의 상호작용이 역동적으로 일어나도록 분위기를 이끌어야 한다. 또 학습자 스스로 모든 과정에 적극적으로 참여할 수 있도록 도와주어야 한다. 돕기 위해선 학습자들을 관찰하고 그들의 필요가 무엇인지 파악하여 이해를 돕고 경험과 연결할 수 있도록 장을 만들어 주어야 한다. 가르치는 현장에 성령이 임재하시기에 교수자는 가르칠 뿐만 아니라 계속해서 배울 수 있어야 한다.

학습자는 성경을 읽고 이해하여 실천하는 사람을 의미한다. 학습자의 배경과 경험은 성경을 이해하는 데 큰 영향을 미친다. 따라서 성경 리터러시 교육은 학습자의 배경과 경험을 고려하여 성경 읽기를 가르치는 것이 중요하다. 성경 이야기와 유사한 경험을 가진 학습자는 성경의 메시지를 쉽게 이해할 수 있다. 개인의 삶에서 어려움을 겪고 있는 학습자는 성경의 위로와 격려를 더욱 쉽게 이해할 수 있다. 학습자가 성경을 읽고 이해하며 해석하는 과정에 적극 참여하고, 자기 생각과 경험을 성경 말씀에 연결하는 것이 중요하다. 이를 위해서는 성경의 텍스트를 해석하고 적용하는 다양한 활동을 통해 학습자들이 성경의 메시지를 자기 삶과 연결 지을 수 있도록 하는 것이 효과적이다. 학습자들은 토론을 통해 단순한 지식 습득을 넘어, 다양한 관점을 공유함으로써 성경에 대한 이해를 심화하고 확장하는 상호적인 도움을 얻을 수 있다. 이 과정을 통해 자기 생각을 명확하게 표현하는 능력을 함양하고 서로를 존중하고 배려하는 공동체를 형성할 수 있다. 또 다른 학습자와의 소통을 통해 서로의 영적인 성장을 도울 수 있고, 동기부여를 유지하고 지속해서 학습할 수 있다. 이를 위해서는 교수자가 학습자의 질문과 탐구를 적극적으로 수용하고, 학습자가 서로를 존중하고 서로에게 배울 수 있는 경청의 분위기를 마련하는 것이 효과적이다.

텍스트와 컨텍스트

성경은 기록된 책이다. 성경책에는 문자와 문장이 가득하다. 문자라는 매체에 진리의 내용이 담겨 있다. 눈에 보이지 않는 진리의 내용이 문자라는 저장 매체를 통해 나타나기에, 우리는 저장 매체의 외형인 문자를 먼저 본다. 따라서 성경을 읽어 진리의 내용에 다가서려면 문자를 읽고 해독을 거쳐 그 속에 담긴 진리의 의미를 추출해야 한다. 텍스트는 성경 본문을 의미한다. 텍스트는 성경 구약과 신약의 66권이 포함된다. 텍스트는 성경의 전체적인 맥락 속에서 이해되어야 한다. 따라서 성경의 모든 부분이 서로 연결되어 있다는 것을 인식하고, 텍스트를 통합적으로 이해하는 것이 중요하다.

성경 리터러시 교육은 텍스트의 배경지식을 이해하고, 텍스트의 메시지를 개인의 삶과 현실에 적용하는 데 중점을 둔다. 텍스트의 역사적 배경을 이해하기 위해서는 성경이 기록된 시대와 문화적 배경이 나와 있는 2차 텍스트의 도움을 받아야 한다. 텍스트의 문학적 배경을 이해하기 위해서는 텍스트의 형식과 구조, 언어적 특징을 연구해야 한다. 텍스트의 신학적 배경을 이해하기 위해서는 텍스트가 전달하고자 하는 메시지와 신학적 논리를 연구해야 한다. 성경은 우리 삶을 형성하고 만드는 능력과 권위를 갖고 있다. 우리가 성경의 권위를 인정하고 이 권위를 붙잡는 이유는 성경이 하나님의 영감으로 된 것이기 때문이다 (Duvall & Hays, 2012/2023:341). 신학자들은 '성령의 조명'이라는 말로 성령의 지속적인 역사를 설명하고 있다(요 16:12~14). **성령이 비춰 주시는 조명 아래 성경을 전체**

적으로 이해해야 한다.

컨텍스트(환경)는 성경이 기록되고 읽혔던 배경과 현재 우리가 말씀대로 살며 실천해야 할 배경을 의미한다. 성경은 특정한 역사적 · 문화적 · 사회적 배경 속에서 당시의 독자(1차 독자)들을 위해 기록한 것이기 때문에, 이러한 컨텍스트를 이해하지 못하면 성경을 제대로 이해할 수 없다. 1차 독자의 컨텍스트를 이해하기 위해서는 성경이 기록된 시대와 문화적 배경, 성경이 읽히는 시대와 문화적 배경을 연구해야 한다. 성경이 기록된 시대와 문화적 배경을 이해하면 성경의 메시지를 풍부하게 이해할 수 있다. 구약성경은 고대 근동의 역사와 문화를 배경으로 기록되었다. 신약성경은 로마 제국 시대를 배경으로 기록되었다. 1차 독자의 배경과 2차 독자인 우리의 배경에는 긴 세월의 차가 있기에 성경에서 실천할 원리를 발견해 우리가 살고 있는 각자의 환경을 고려하여 말씀에 순종함을 배워야 한다. 따라서 성경이 기록된 서대와 문화적 배경을 이해하고, 성경이 읽히는 시대와 문화적 배경을 고려하여 성경을 이해하면 성경의 메시지를 오늘날 우리의 삶에 적용할 수 있다.

성경 리터러시의 평가는 텍스트의 이해, 학습자의 참여, 컨텍스트를 종합적으로 고려하여 이루어져야 한다. 이러한 요소들을 고려하여 평가함으로써, 학습자들이 성경을 효과적으로 이해하고, 성경의 메시지를 삶에 적용할 수 있도록 도울 수 있다.

참고문헌

이순영 외(2015). 『독서교육론』. 사회평론.

최은아(2024). 통전성 기반 성경 리터러시 교육프로그램 모형 개발. 가톨릭대학교 대학원 박사학위 논문.

Loder, J. E.(2018). *Educational ministry in the logic of the spirit.* Wipf and Stock. 이규민 옮김(2020). 『통전적 구원을 위한 기독교교육론』. 대한기독교서회.

Duvall, J. S. & Hays, J. D.(2012). *Grasping God's word.* Banner of Truth. 류호영 옮김(2023). 『성경해석』. 성서유니온.

10

통전성 기반 성경 리터러시 교육 사례

통전성 기반 성경 리터러시 교육은 텍스트의 이해와 해석, 상황 안에서 성찰을 넘어 텍스트를 삶에 적용하여 성경에 순종하는 삶을 살게 하는 것이다. 따라서 텍스트 공동체성의 원리와 상호작용하는 관계성의 원리, 앎과 삶을 연결하는 서사적 정체성의 원리를 기반으로 한다. 성경 리터러시 교육의 과정은 성경을 메타 내러티브가 있는 정경으로 보는 관점을 가지면서, 학습자를 중심으로 하는 토의, 토론으로 진행된다.

통전성 기반 성경 리터러시 교육 원리

통전성 기반 성경 리터러시 교육은 성경의 신약과 구약을 하나의 통전된 내러티브로 독해하고, 성경의 메시지 이해를 바탕으로 관계성과 삶의 적용을 지향하는 교육 모형이다. 이 교육의 주요 특징은 유기적으로 연결된 지식과 정보를 통합적으로 이해하는 것을 강조하며, 학습자에게 실천적인 변화를 유도하는 것이다. 또 사회 · 문화적 관계를 다루는 교육적 관점과 신학적 관점에서의 관계 회복을 다루는 신학적 관점을 통합하여 접근한다.

통전성 기반 성경 리터러시 교육은 성경 교육 연구와 통전성에 관한 연구 검토를 기반으로 텍스트, 컨텍스트, 독자, 해석의 네 가지 구성 요소로 범주화하여 설계되었다. 텍스트 통전적 요소는 성경 본문의 배경, 인물, 사건 내의 관계적 상황, 그리고 삼위일체 하나님과 인간의 관계를 독해함으로써 구약의 히브리적 사고와 신약의 헬라적 사고의 통합적 이해를 유도한다. 컨텍스트 통전적 요소는 교육 대상의 상황과 맥락에 따라 성령의 조명 아래 개인 및 공동체 차원에서 교육이 이루어지도록 구조화했다. 독자 통전적 요소는 성경의 1차 독자와 현시대의 2차 독자 간의 통전을 통해 모방 및 성찰 과정을 촉진한다. 또 독자 개인의 지적, 정서적, 의지적 통합을 통해 이해가 삶으로 표현되도록 설계되었다. 해석 통전적 요소는 텍스트와 컨텍스트가 독자의 해석 과정을 통해 상호 통합되도록 설계되었다. 이 교육 모형은 1차 독자와의 공동체성(전체성) 원리, 텍스트-독자-컨텍스트의 상호관계성 원리, 앎을 삶에 적용하는 서사적 정체성(실천성)의 원리의 세 가지 교육 원리를 따른다. 교육은 성령의 도우심으로 텍스트, 컨텍스트, 독자를 중심으로 이루어진다.

통전성 기반 성경 리터러시 교육의 과정

이 장에서는 지식 전달 중심 성경 학습을 보완하고, 학습자의 텍스트 이해, 해석, 상황 내 성찰 및 텍스트의 삶 적용을 지원하기 위한 성경 리터러시 교육 실천 사례(최은아, 2024)를 소개한다. 통전성 기반 성경 리터러시 교육은 교회의 성도들을 대상으로 하였으며, 평신도 여섯 명을 모집하여 진행되었다. 교수자는 참여 관찰을 위해 두 명씩 세 개 모임으로 구성하여 운영했다. 참여자의 구성은 다음과 같다.

네 명: 교회 출석 및 성경 읽기 경험 10년 이상.

한 명: 교회 출석 10년 이상, 성경 읽기 경험 5년 미만.

한 명: 교회 출석 5년 미만, 성경 읽기 경험 약 2년.

성경 읽기에 관심 있는 성인을 대상으로 한 이유는 일

반 리터러시(문해력) 수준이 어느 정도 형성되어 있어 수업 몰입과 텍스트-컨텍스트 간의 통합적 이해(통전)가 가능하다고 판단했기 때문이다. 교육 텍스트는 복음서 중 가장 먼저 쓰인 마가복음을 선정하였으며, 5주 차에 걸쳐 매주 3~4장씩 읽고 토의를 진행하여 복음서 전체 이야기를 맥락적으로 파악하도록 구성했다.

성경 리터러시 교육과정은 리쾨르(Ricoeur, 1991/1999) 미메시스(Mimesis) I, II, III 이론을 진행 과정의 틀로 적용했다. 리쾨르의 3중 미메시스는 텍스트를 매개로 개인과 공동체를 연결하고 서사적 정체성을 형성하는 과정을 순환적으로 설명하는 모델(김영원, 2019:71~72)이다. 이 교육은 기독교 공동체 전통을 기반으로 성경 텍스트를 독해하고, 이해 및 해석을 거쳐 내러티브가 정체성으로 나타나는 과정을 3단계로 구조화했다.

전형상화(Mimesis I)에서는 1차 독자와의 공동체성(전체성) 원리를 적용했다. 배경 파악을 위해 신구약의 메타내러티브를 고려하여 사전 준비된 배경 설명 자료와 교수자의 설명을 통해 1차 독자의 상황적 배경을 파악하도록 했다. 마가복음 1장을 읽을 때, 언급된 구약의 이사야 본문 및 다른 복음서의 시작 부분을 함께 독해하여 성경의 통합적 이해를 유도했다. 학습자와 본문 간의 상호작용을 위해 학습자가 저자인 마가가 이야기한다고 가정하며 맥락을 따라 읽도록 안내했다.

형상화(Mimesis II)에서는 텍스트-독자-컨텍스트의 상호관계성 원리를 적용했다. 이 단계는 1차 독자의 배경과 텍스트를 바탕으로 줄거리를 구성하여 이야기를 형상화하는 단계다(임성미, 2023). 학습자가 텍스트에 의미를 부여하며 1차 독자와 2차 독자 간의 만남이 이루어지게 했다. 하브루타 방식을 활용하여 짝과 읽은 본문을 학습자의 언어로 표현하는 활동을 통해 줄거리를 구성하게 했다. 학습자는 본문에서 중요하다고 판단되는 내용을 중심으로 줄거리를 구성했다. 본문의 인물, 사건, 배경을 중심으로 심층적 의미를 파악하는 질문을 만들고 교류하며, 해석 결과를 텍스트에 근거하여 공유했다.

재형상화(Mimesis III)에서는 앎을 삶에 적용하는 서사적 정체성(실천성)의 원리를 적용했다. 이 단계는 학습자가 내적 대화를 통해 삶에 성경의 이야기를 재형상화하는 과정으로 구성되었다. 학습자가 텍스트를 통해 파악한 삼위일체 하나님에 대한 이해를 바탕으로 개인의 신앙고백을 성찰하도록 유도했다. 텍스트의 1차 독자와의 만남을 통해, 2차 독자(학습자)가 자신의 삶을 돌아보고 실천적 변화를 꾀할 수 있도록 했다. 1차 독자와의 만남이란 1차 독자와 직접 대면하는 것이 아니라, 그들의 세계를 탐구하는 지적 · 해석학적 활동을 뜻한다. 이는 성경의 시공간적 격차를 뛰어넘어 본래의 메시지에 다가가는 과정이라고 할 수 있다. 본래의 의미를 정확히 알 때, 비로소 그 의미가 2차 독자(학습자)의 삶에 어떻게 적용되어야 할지에 대한 확고한 기초를 마련할 수 있다.

구체적인 적용을 돕기 위해 예수님을 닮을 때 열리는 성령의 열매 & 빛의 열매를 적용 기준으로 제시했다. 학습자가 성찰 및 종합한 적용(실천) 과제를 다음 주까지 실천하도록 결단하고, 실천 여부를 모임 단체 대화방(톡방)에 공유하도록 했다. 이는 실천을 장려하는 공동체적 장치로 기능했다.

통전성 기반 성경 리터러시 교육 사례의 시사점

최은아(2024)의 성경 리터러시 교육에서는 성경 텍스트 독해 및 자기 생각/느낌 공유를 용이하게 하는 환경을 조성하는 것이 중요했다. 참여자 간의 경청 및 공감을 기반으로 한 관계성이 적극적인 토론으로 이어졌다. 이러한 상호작용은 성경 텍스트에 대한 다층적인 이해에 이바지했다. 관찰된 효과는 교육 전반에 걸쳐 참가자들의 성경에 관한 관심(호기심) 증대 및 성경 읽기 태도의 변화다.

전형상화 단계에서 배경지식 활성화를 위해 제공된 배경 설명지를 통해 학습자들은 복음서를 개관하고 마가복음과의 비교 정보를 습득했으며, 이 과정이 성경에 대한 흥미 유발에 영향을 주었다고 보고했다. 형상화 단계에서는 사전에 준비한 내용과 모임에서의 논의가 학습자들의 통합적 상호작용을 촉진하여 텍스트에 대한 이해도를 높였다. 배경지식 활성화를 통해 성경이 쓰인 당시 1차 독자의 상황을 이해할 수 있었으며, 이는 현재 2차 독자(학습자)의 삶을 성찰하고 앎을 실천으로 연결하는 과정을 용이하게 했다. 이는 교육 설계에서 의도한 1차 독자와 2차 독자의 통전(통합적 이해)이 텍스트를 통해 이루어진 결과로 해석될 수 있다. 한 예로 마가복음 5장 독해 시, 참여자들은 직 · 간접 경험을 통해 혈루증 여인과 야이로의 간절함을 해석에 반영했다. 본문 내용에 깊이 공감하는 상호관계성이 형성되면서, 재형상화 단계에서 실천(순종)을 위한 개인의 고백 형성이 원활하게 진행되었다. 이는 삶의 맥락(컨텍스트 통전)이 본문 이해의 깊이를 더했음을 시사한다. 실천 및 정체성과의 연관을 위해 재형상화 단계에서는 '성령의 열매 & 빛의 열매'라는 구체적인 실천 기준을 제시함으로써 실천 항목이 명료화되었다. 학습자들은 교육 후 하나님과의 개인적 관계가 깊어졌다고 응답했으며, 이는 성경의 서사가 개인의 정체성 형성에 영향을 미쳤음을 나타낸다.

최은아(2024)의 성경 리터러시 교육 프로그램은 성경 연구 및 성경 교육 분야에 새로운 접근 방향을 제시한 것이었다. 이 교육은 성경을 단순한 역사적 사실이나 교리적 지식으로만 파악하는 것을 넘어, 학습자의 삶과 연계된 의미 있는 내러티브로 이해하도록 돕는다. 궁극적으로 학습자가 성경의 가르침을 자기 삶에서 실천할 수 있는 기회를 제공했다. 성경 리터러시 교육은 독자가 성장 가능성을 가지고 성경을 온전히 이해하고 적극적으로 실천하는 평생 독자로 성장하도록 지원하는 교육적 효과를 갖는다. 신앙의 연륜(성숙함)이 있고 성경 읽기 경험이 많은 참여자일수록 본문 이해도가 높았으며, 신앙적 고백과 실천 과정이 용이한 것으로 나타났다. 이는 성경 읽기 역량이 깊은 신앙적 요소와 연관되어 있음을 시사한다.

참고문헌

김영원(2019). 인공지능 시대의 종교적 텍스트의 의미와 기능-폴 리쾨르의 미메시스 이론과 종교적 해석학의 관점에서-. 《문학과 종교》, 24(10), 67-86.

임성미(2023). 『묵상독서』. 학이시습

최은아(2024). 통전성 기반 성경 리터러시 교육프로그램 모형 개발. 가톨릭대학교 대학원 박사학위 논문.

하영조(2011). 『비전 성경 사전』. 두란노.

Ricoeur, P.(1991). *Temps et recit.* Éditions du Seuil. 김한식·이경래 옮김(1999). 『시간과 이야기 1』. 문학과지성사.

지은이

최은아

감리교신학대학교 교양학부 겸임교수.

감리교신학대학교에서 종교철학, 기독교교육학, 신학을 전공하고 가톨릭대학교 교육학과에서 독서교육 전공으로 박사 학위를 취득했다. 현재는 마음과생각연구소 소장과 (사)한국하브루타협회 연구위원 및 서초센터장으로 학생, 학부모, 교육전문가와 목회자들을 만나며 하브루타와 성경 리터러시 교육 자료를 제작, 강의하고 있다. 저서로 『하브루타 네 질문이 뭐니?』, 『실전! 교회 하브루타』, 『신학을 시작하는 내가 너에게』가 있다.